# 档案信息化建设与管理探索

余力杨　著

延边大学出版社

**图书在版编目（CIP）数据**

档案信息化建设与管理探索 ／ 余力杨著. -- 延吉 ：
延边大学出版社, 2023.9
ISBN 978-7-230-05452-2

Ⅰ．①档⋯　Ⅱ．①余⋯　Ⅲ．①档案工作－信息化建设
－研究　Ⅳ．①G270.7

中国国家版本馆CIP数据核字(2023)第174511号

**档案信息化建设与管理探索**

----------------------------------------------------------------

著　　　者：余力杨
责任编辑：乔双莹
封面设计：文合文化
出版发行：延边大学出版社
社　　　址：吉林省延吉市公园路977号　　　　邮　　编：133002
网　　　址：http://www.ydcbs.com　　　　　E-mail：ydcbs@ydcbs.com
电　　话：0433-2732435　　　　　　　　　传　　真：0433-2732434
印　　　刷：三河市嵩川印刷有限公司
开　　　本：710×1000　1/16
印　　　张：11.5
字　　　数：200 千字
版　　　次：2023 年 9 月 第 1 版
印　　　次：2024 年 1 月 第 1 次印刷
书　　　号：ISBN 978-7-230-05452-2

----------------------------------------------------------------

定价：65.00 元

# 前　　言

　　随着信息技术的不断发展，档案管理工作者应顺应时代需求，建立起更为完善的现代档案管理体系。为了推动档案管理工作水平的不断提升，为档案信息资源的共享提供可能与保障，实现档案信息化建设与管理是很有必要的。

　　本书从档案管理的相关理论入手，对实现档案的信息化建设与管理进行了具体研究，希望能够给相关工作者提供一定的理论基础与现实依据，为档案管理体系的建设与发展贡献力量。

　　笔者在撰写本书的过程中，得到了同仁的大力支持，借鉴了多位学者的专著、论文，在此表示感谢。

　　由于水平有限，加上时间仓促，书中的不足在所难免，恳请广大读者批评、指正。

余力杨

2023 年 6 月

# 目　　录

# 第一章　档案与档案管理

## 第一节　档案的概念、构成、属性和种类

### 一、档案的概念

随着近代档案学的产生和发展，人们对档案的认识不断深化，开始系统认识和科学阐述档案的概念。由于社会发展，档案内涵不断丰富和变化，加上人们对档案认识的不同，形成了不同的档案定义。从认识论的角度看，人们对事物的认识是相对的。一定的社会历史条件，产生相应的认识水平。随着社会历史的发展，人们的认识水平得到相应提高。

《档案工作基本术语》（DA/T 1—2000）给档案下的定义是："国家机构、社会组织或个人在社会活动中直接形成的有价值的各种形式的历史记录。"《中华人民共和国档案法》指出："本法所称档案，是指过去和现在的机关、团体、企业事业单位和其他组织以及个人从事经济、政治、文化、社会、生态文明、军事、外事、科技等方面活动直接形成的对国家和社会具有保存价值的各种文字、图表、声像等不同形式的历史记录。"《档案工作基本术语》对档案的定义是指一般性的学术定义，它的内涵既包括属于国家管理范围的档案，也包括不属于国家管理范围的档案。《中华人民共和国档案法》对档案的定义是指对国家所管理的档案的定义。

## 二、档案的构成

档案由四个基本要素构成。

### （一）档案形成者

档案形成者指国家机构、社会组织和个人。档案来源于一定的立档单位（即形成档案的单位），产生于立档单位的社会实践活动。立档单位是人们社会实践活动的主体，档案则是主体在社会实践活动中的记录。没有主体的社会实践活动，就不可能产生实践活动的记录。也就是说，没有档案形成者，就不可能产生档案。档案形成者与档案或主体与记录之间具有客观的、内在的、必然的联系。

### （二）档案内容

档案内容指记载的知识信息。档案记录着人类在自然科学领域和社会科学领域进行实践活动所获取的各种知识信息，包括天文、地理、历史、社会各行各业等的丰富知识。人类社会实践的广泛性，决定了档案内容的丰富性。档案是信息，是知识宝库，是文化财富。档案之所以有价值，是因为它记录的各种知识信息可供人们查考利用，它是人类了解过去、解决当前问题和预测未来的依据。

### （三）档案形式

档案形式指文种形式、载体形式、信息记录和表达形式。档案的内容丰富、形式多样。公文、图纸、书信、电报、户籍、账册、契约、合同、证书、书稿、日记、笔记、家谱等均可转化为档案。档案的载体有甲骨、金铭、石刻、竹木、帛、纸张、胶片、磁带、磁盘、光盘等。档案的信息记录形式有刀刻、手写、印刷、摄影、录音、录像等。档案的信息表达形式有文字的、图形的、声像的。档案是内容和形式的统一体。

### （四）档案的本质

档案的本质是直接的、原始的历史记录。这是档案区别于资料等其他邻近事物的根本。档案是处理完毕的、具有查考价值的文件，这是档案定义的最基本的含义。文件与档案的关系密切，两者是同一物体的不同阶段，具有不同的性质。二者的区别是：文件是现行的，档案是历史的；文件具有现行的法律效力和行政约束力，而档案则是人们历史活动的记录，具有凭证和参考作用；文件办理完毕（文书处理程序完毕或完成现行效能）才能区分其价值并转化为档案，档案是保存备查的历史文件。档案与图书、情报资料的关系密切，都是记录知识信息的载体。它们之间的区别是：档案是保存原文真迹的、未经过再加工的原本和原稿，不是事后追记、编写或收集来的间接资料，档案是原始文献而非派生文献。图书、情报资料则没有档案的这种特点。档案是反映人类历史活动的原始记录。

## 三、档案的属性

### （一）档案的特有属性

档案从"原始记事"起源，经历"文字的发明"到"国家的产生"而最终形成。人类进入文明社会，档案和人类社会同步发展，成为人类社会活动的直接记录。档案兼具原始性和记录性的特点，是档案区别于其他文献资料的特有属性。档案的特有属性主要表现为原始性和回溯性。档案的产生过程和规律决定了档案信息的原始性。因为它是人类社会活动的直接记录，所以它具有显著的原始记录性。档案信息的这种原始记录性，使它具备了其他信息形式无法替代的证据作用，从而具有珍贵的价值。

因为档案如实地反映了人类社会活动的内容和真实过程，是历史的记述，所以档案信息又具有回溯性的特性。档案信息成为人们回顾过去、了解历史、总结经验、探求规律的根据。人们在对档案信息的回溯过程中，可以得到为现实服务的系统信息。

了解档案的原始记录性特点，对于档案管理工作及与档案管理相关的工作，都具有实际的指导意义。首先，档案是历史的真实记录，必须保持它的特性，才能充分发挥它的效用，后人不应按照自己的观点和需要去修改档案。档案工作者和一切有关人员，必须依法维护档案的历史真实面貌。其次，档案与图书、资料、文物等既有性质上的区别，也有某些联系。它们之间存在着部分重合、彼此转化、相互补充等关系。对于具有档案、图书、文物双重性或多重性的文献，要依据有关法律法规进行管理。最后，要辩证地理解档案的真实性，由于档案是历史的凭证和原始的情报材料，所以人们把档案称作真实的历史记录。总之，档案工作者应该正确认识档案原始记录性的意义。

## （二）档案的知识属性

知识是人类在实践中所获得的认识和经验的总和。它是人类实践的沉淀和积累，也在人类社会实践中传播和延续。档案记录着人类在各项社会实践活动中所获得的知识，包括感性认识和理性认识的知识。档案是全面直接记录和积累知识的原载体，是贮存知识的重要手段。由于档案来源相当广泛，各行各业无不形成档案，因此档案中蕴藏着人类的丰富知识。可以说社会历史、政治军事、自然物产、风俗民情、社会生活等，无不在档案记载之中。档案是人们取之不尽、用之不竭的知识财富。

档案不仅有贮存知识的功能，当它被人们利用时还有传播知识的功能。档案记录的知识大部分是可靠的，但也有不可靠。档案是社会现象，在阶级社会中形成的档案，反映一定阶级的思想观点。剥削阶级从其阶级利益出发，有时甚至会掩盖真相、颠倒黑白、歪曲事实，甚至无中生有。此外，由于人们认识世界存在着主观与客观的矛盾，加上认识能力的局限性，故而记述失实的现象也时有发生。因此，利用档案像利用其他资料一样，都要进行鉴别，对其所记录的知识要批判地继承，绝不能全盘接收。

总而言之，档案是存贮和传递知识的原始记录，是人们获取和集成知识的媒介，是不断积累知识和社会文明进步的条件之一。档案的知识传递功能不仅具有空间的扩散性，而且具有时间的延续性。档案可以把人类知识世代传播下去，使人类文明史得以延续和发展。

### （三）档案的信息属性

档案是信息家族的一员，它同信息家族的其他成员一样，有着信息的共同性质，它们都可以被收集、传递、存贮、检索、处理、交换和利用。但是档案作为信息还有一些特殊性，它具备原生性、真实性、广泛性、联系性和积累性等特点。它内容丰富广泛，与社会的实践活动同步产生，可以为人们提供依据和凭证，还可以为人们所利用。

档案信息是固定在一定载体上（指纸张、胶片、磁带等）的信息，具有稳定性，可重复利用。

档案信息像其他信息资料一样具有以下六个特征：

1.可扩充性

档案信息的内容随着时间的推移和档案的积累将不断扩充。

2.可压缩性

人们可以对档案信息进行加工、整理、归纳、概括，使之精练、浓缩而便于利用。

3.可替代性

利用某些档案信息，可替代资本、劳力和物质材料，可减少消耗，产生一定的经济效益。

4.可传输性

档案信息可通过传输渠道传递给用户。

5.可扩散性

通过多种信息传输渠道，档案信息可被广泛扩散，为社会各方面服务。

6.可分享性

档案信息可以不断重复输出，供人们分享。档案信息经过开发输出，为用户所接收，可产生一定的社会效益和经济效益。

## （四）档案的文化属性

文化是人类社会发展过程中所创造的物质财富与精神财富的总称。文化具有极其广泛的内容，有着各种各样的形式。一般来说，文化可以分为物质文化、行为文化、精神文化三种类型。精神文化是文化的深层结构，物质文化则是文化的表层结构。档案属于精神文化的一种。档案记录和反映着社会发展一定阶段的技术进步、生产经验，人们的劳动技能以及教育、科学、文学、艺术、道德等方面达到的水平。档案是各个民族在社会活动中形成的历史记录，它记录和反映着民族的语言、心理素质、性格、传统以及生活方式。档案的文化性质决定了档案馆的文化事业性质。一个国家的档案馆设施健全与否，馆藏档案是否具有连续性，馆藏档案内容是否丰富，馆藏档案的价值如何，档案工作者的职业道德与职业素质如何，反映了一个国家文化发展的程度。档案的文化性质，决定了档案是人类物质文明建设与精神文明建设的重要条件。

对档案特有属性、知识属性、信息属性和文化属性的认识，是对档案价值认识的一种深化，对增强人们的档案意识，使人们重视档案、档案管理工作有重要作用。

## 四、档案的种类

分类是人们认识事物和管理事务的基本方法之一。所谓"分"，是指把整体事物变成几部分或者是连在一起的事物分开；所谓"类"，是指许多相同或相似的事物的综合。分类就是把形态复杂的、数量众多的、相同或相似的事物分离成若干部分，以便正确认识事物和科学管理事物。对事物进行科学的分类，是实施科学管理的基础。但分类本身却是个极为复杂的问题，其深层问题尤其是根本性问题，有待进一步认识、发展和完善。档案分类就是依据一定的标准，按照档案来源、时间、内容和形式等特征的异同点，对档案进行有层次的区分，使档案形成一定的体系。

档案的范围非常广泛，它包括各类的原始历史记录。根据档案的不同属性和科学管理的需要，档案可分为不同的类型。

### （一）按照档案的来源进行划分

按照档案的来源进行划分，档案可分为国家机关档案、党派团体档案、事业单位档案、企业档案、名人档案等。

### （二）按照档案的内容进行划分

按照档案的内容进行划分，有两种划分方法：一是直接分为党务档案、行政档案、诉讼档案、军事档案、外交档案、科学技术档案（以下简称"科技档案"）、医疗档案、会计档案等。二是先分为普通档案和专门档案两大类，然后再具体划分。普通档案可以分为党务档案、国家政务档案等，专门档案可以分为诉讼档案、公证档案、教学档案、科技档案等。

## （三）按照档案的载体形式进行划分

按照档案的载体形式进行划分，档案可分为甲骨档案、金石档案、简牍档案、缣帛档案、羊皮档案、纸质档案、胶片档案、磁带档案、磁盘档案、光盘档案等。

## （四）按照档案的形成时间进行划分

按照档案的形成时间进行划分，档案可分为古代档案、近代档案和现代档案。古代档案和近代档案常被统称为历史档案。我国档案通常分为中华人民共和国时期档案和中华人民共和国以前的档案两大类。其中中华人民共和国以前的档案又分为革命历史档案和旧政权档案。旧政权档案包括历代王朝、民国时期（包括日伪政权、租界殖民机构统治时期）所属各级机关、军队、企事业单位、党派、社会团体和著名人物的档案。

## （五）按照档案所有权进行划分

按照档案所有权进行划分，档案可分为国家所有档案、集体所有档案和个人所有档案。在外国，按照档案所有权进行划分，档案可分为公共档案和私人档案。

我国常用的档案分类，是将档案分为文书档案、科技档案和专门档案三大类别，然后再往下细分。这种分类方法在划分标准的一致性和命名方面难免存在一些不尽科学的地方。但这是档案工作者在长期的工作实践中自然而然形成的三个概念，而且在许多文件、著作和实际工作中已经使用多年，一概否定拒用是不现实的，应该正确理解使用，力求使之完善。按照"约定俗成"的习惯，这种划分实际上分为普通档案（或称党政档案）、科技档案（突出的一类专门档案）和其他专门档案三大部类。而对其命名，由于意见存在分歧，一直未能统一，尚有待探讨。

文书档案实际上是指行政管理档案，是机关、团体在社会的行政管理活动中形成的由各种行政公文（如请示、批复、报告、决议、法规、通知等）转化而成的档案。文书档案具有内容丰富、形式规范、涉及面广等特点，在档案家族中占据主导或统治地位。文书档案的内容涉及国家、政党、民族和社会生活的方方面面，是了解、研究国家社会政治、经济、文化等的基本依据。文书档案的概念是最早出现的。

科技档案，是指人们在科技、生产活动中形成的由纯业务性的科技文件材料（如图纸、设计任务书、科研报告等）转化而成的档案。科技档案的内容与文书档案不同，它不是人类自我管理活动的记录，而是人类面对自然进行科学研究、进行物质生产活动的记录。科技档案主要产生于从事自然科学研究、生产技术和基本建设等活动的单位，如矿山、地质、测绘、水文、气象、建筑等部门，是反映科学技术、经济建设真实面貌的原始记录，也是科学技术的重要存在形式之一。科技生产活动是人类赖以生存、发展的基础，对人类社会的重要性也日益突出。科技生产活动的价值与作用与文书档案并驾齐驱。因此，科技档案被社会认可并被广泛应用。

专门档案是指除文书档案和科技档案之外的，社会所有在专门活动中形成的档案，如教学档案、会计档案、人事档案、诉讼档案、公证档案、病历档案、婚姻登记和工商注册登记档案等。这些档案虽然也有明显的行政管理性质，但与主要由官方正式文件转化而成的文书档案相比，有所不同。专门档案具有极强的自我独立性和规律性。专门档案概念的出现时间更晚。

尽管文书档案、科技档案、专门档案的划分，在逻辑上确有不足之处，但这三个概念反映了人们对档案现象的认识过程，也反映了这三种档案在档案大家族中的地位。因为它有较好的理论涵盖与把握功能，所以仍然被当今中国档案界普遍使用。上述不同种类的档案，由于各具一定的特点，在管理方面都有某些不同，如普通档案和各种专门档案，纸质档案和各种特殊载体档案，其整理和管理方法都有明显的区别。档案工作者往往从不同的需要，采取某种分类标准将档案划分为若干种类，所以从总体上必须全面而系统地掌握档案种类的划分，以利于档案的宏观管理和微观管理。

# 第二节　档案的作用与价值

　　档案随人类文明而产生，之所以在人类社会中历代相传，是因为它对人类社会具有无可替代的价值和作用。档案作为历史记录，它连接社会不同领域，纵贯历史各个阶段，记载人类实践活动，存贮大量原始信息，服务当代各项事业，展示社会文明进程。正确地认识档案的价值和作用，对于理解档案的性质，科学地管理档案和充分发挥档案的社会效益和经济效益，具有十分重要的意义。

## 一、档案的作用

　　从宏观角度而言，档案包括天文、地理、历史和社会的各个方面；从微观角度而言，档案记述了人们改造客观世界和主观世界的特定实践，具有大量原始的、具体的、丰富的、详细的宝贵资料。由此可知，档案具有广泛的社会作用。

　　档案是人们智力活动的产物，属于精神文明的范畴，记录了人们精神生活的进步状况，同时档案还记录了人们物质生产发展的过程。也就是说它不仅反映了社会的精神文明，而且反映了社会的物质文明。我们可以从有关档案看出各个时期教育、科学、文化、卫生、体育等事业发展的规模和水平以及社会政治思想、伦理道德等方面的发展；也可以了解各个时期、各个地区生产工具的改进和技术进步、物质财富的增长和人们的物质生活水平的提高等方面的状况。可以说，档案是社会文明的记录，它对社会主义文明建设具有宝贵的参考价值。全面建成小康社会之后，我国开启了全面建设社会主义现代化国家的新征程。在这一阶段，档案必将全面发挥自身的重要作用。

　　一般而言，档案的具体作用主要表现在以下几个方面：

### （一）维护国家、集体和个人权益的法律书证

档案能够以其内容、含义和外形特征如实地说明历史上的某些事实。作为证实国家、集体和个人正当利益的书面文件，档案在反映社会各种具体活动的同时，也反映了当事者应有的合法权益，其中包括立法性质的文件、证明文件和相互交往的各种材料，如法律、法规、协议、合同、记录、单据等，这些原始材料有的规定了各种社会关系、经济关系和政治关系的组成，有的记载了有关事件的过程，各方面承担的权利和义务以及当事人具有的资历、待遇和荣誉。在这些方面产生疑问、争执或纠纷时，档案最有能力说明权益的归属，是有一定权威性的法律书证，并有一定的物证作用。长期以来，为了证实国家、机关单位和个人的合法权益，档案发挥了极大的作用。许多单位和个人以档案为证据，解决了债务、产权和著作权等各种纠纷，证实了个人的学历、经历、工龄以及工资、福利待遇方面内容，解决了诸多问题。

### （二）行政管理的查考凭据

档案记录了不同机关、单位过去行使职能活动的情况，其中包括行使行政职权的法律依据，处理行政事务的过程与结果以及管理活动的经验等。档案是一个政府、一个机关单位连续工作必须查考的凭据。机关要维持正常的管理秩序，提高行政管理的工作效率，无论是熟悉情况、制订计划，还是总结经验、预测未来，都需要档案作为依据。档案是开展工作、处理问题、进行正确决策的必要条件之一。实际工作中的无数事实证明：档案是行政管理必不可少的重要工具，有档可查可以提高机关行政管理工作的质量和效率，无档可依往往会给管理工作造成困难和损失。

### （三）生产建设的参考依据

人类社会各行各业的生产、社会实践，从自然资源、生产手段到生产过程、计划管理和生产技术的各个方面，均可见于档案。档案记载的人们在社会实践

中取得的成果和经验，可以作为工农业生产和经济管理的科学依据。随着社会实践的增多而日益增多的科技档案，是进行现代化生产管理和科学技术管理的重要条件。总的说来，无论是普通档案，还是科技档案或其他种类繁多的专门档案，都在不同程度和不同方面反映了经济活动的情况，都能为以经济建设为中心的现代化建设提供一些情报信息。对制订经济计划、检查和总结生产情况、推广先进生产技术和管理经验以及防止灾害等方面的工作来说，档案是重要的参考材料。例如：有的地方开发当地名人档案，通过当地名人引进资金、技术，拉动经济建设发展；有的地方利用档案，查找分析自然灾害的规律和防治经验，有效预防或减轻灾害，维护正常生产等。大量实践证明，凡重视档案，充分利用档案信息资源为各项生产服务的地方或行业，往往能提高效率，得到良好的发展。反之，漠视档案或"有档不查"往往会造成计划不当、重复误工、管理混乱、事倍功半等。

## （四）科学研究的可靠资料

档案是从事科学研究的粮食和能源。无论是自然科学，还是社会科学、思维科学的研究，都必须有大量材料，才能更好地潜心钻研、探索事物发展的规律。档案可以从两个方面为科学研究提供丰富的研究资料：一方面，专门进行科学研究的原始记录，可供现实研究工作直接采用、借鉴；另一方面，记录的广泛事实和经验（包括失败的教训），为各项研究活动提供大量的实验、观察和理论概括的基础材料。笔者认为，档案是科学研究的必要条件。我国天文、水利、气象、地震等领域取得的许多科研成果，都是大量参考、利用几百年甚至几千年来大量有关档案材料进行分析运算、研究的结果。例如：夏商周断代工程中关于武王伐纣战争中的牧野之战的天文学测年课题，就是根据金石档案和古文献记载，运用计算机进行超大量的运算而取得的科研成果。自古以来，编史修志更是离不开档案。不论是编写古代史、近代史、现代史等，还是修撰地方志、行业志等各种志书，如果没有档案或离开档案，编史修志工作根本就无从谈起。由此可见，档案是从事科学研究、编史修志工作基本的、不可缺少的重要条件之一。

### （五）宣传教育的素材

我国现存档案内容极为丰富。它翔实地记录了中华民族以顽强意志和勤劳智慧创造历史的曲折历程和奋战足迹，既反映了人民同大自然和社会邪恶势力搏斗的辉煌胜利，也反映了国家和民族的危难遭遇，其中不仅有各个历史阶段反动势力的滔天罪恶，也有各种进步力量可歌可泣的卓绝业绩。利用档案写回忆录、写演讲报告、著书立说、进行文艺创作、举办各种展览与宣传活动，往往能取得事半功倍的效果。

档案之所以能成为宣传教育的生动素材，是因为它以历史性、直观性、原始性和丰富性等特点而见长。许多地方档案馆经常举办展览，向人们展示罕见的、丰富的历史档案，以历史性、真实性、知识性、趣味性等赢得社会公众的高度评价。例如，新乡市档案馆举办的"沧桑巨变话新乡"大型展览，以丰富的内容、新颖的形式展示了当地的政治、经济、历史、文化、教育、科技等情况。展览内容既有历史战争灾难，又有现代建设成就；既有历史优秀人物，又有当代英烈模范；既有当地风土人情，又有当代城市风貌；既有城市发展起源，又有远景发展规划。这一展览使社会公众了解家乡、热爱家乡，进而更好地建设家乡。

## 二、档案的价值

档案的基本价值包括凭证价值和参考价值两方面。

### （一）档案的凭证价值

档案是历史的原始记录这个特点，决定了档案具有凭证价值。俗话说："空口无凭,立字为证。"这里所说的"字",往往指的是契约,也就是文书档案。可见,在日常生活中,人们已经意识到档案的凭证价值。档案的凭证价值,是档案不同于并优于其他各种资料的重要特点之一,是由档案的形成规律和档案自身的特点所决定的。

首先,从档案形成的过程及其结果来看,档案多是从当时直接使用的文件转化而来的,是确凿的原始材料和历史记录,并非事后追记或在现今使用之际临时编造的。它客观地记录了历史情况,是真实可信的历史证据,具有一定的证据作用。

其次,从档案本身的物体形态看,文件上保留着真切的历史标记。例如,有些文件材料的正文,就是当事人的亲笔手稿;不少文件上留有负责人和有关人员的亲笔签署或批示;很多文件上盖有机关或个人的印章。此外,还有些采用其他记录方式和载体的文件材料,如照片、录像和录音等。所以说,档案是确凿的原始材料和历史证件,它是查考、研究、争辩和处理问题的依据。

## (二)档案的参考价值

档案信息不仅反映了客观事物和思维的纵向发展,而且反映了实践活动的发展。档案以知识原载体的形式,凝结了各种社会实践活动的状况和创造的成果以及经验教训,可以为人们今后处理社会与自然界的关系,处理社会内部人与人的关系以及与此相连的探索性和准备性活动等方面提供借鉴。因此,档案对于人们查考既往情况,掌握历史资料,研究有关事物的发展规律,批判地继承历史遗产,开创社会主义各项事业的新局面,具有一定的参考作用。

档案和报纸、杂志、书籍等,都可以作为参考资料,其参考作用也各有所长。而档案作为参考资料的主要特点,在于它的原始性和可靠性。档案对许多工作来说,是一种宝贵的资料。对某些活动来说,档案甚至是不可缺少的参考依据。在日常行政业务工作、科学研究、生产活动以及政治和军事活动中,没有档案材料或有而不去查考,非但不便于开展工作,有时甚至会酿成大错。[①]

# 第三节 档案管理的特点与内容

## 一、档案管理的特点

档案管理活动与其他文献管理活动一样,包含信息的输入、存贮、加工、输出这样一个信息传输过程,是一种信息控制系统。但由于档案具有原始记录性的特点,档案管理活动又区别于图书、情报等管理活动。

### (一)档案资源积累过程的缓慢性

档案是人类社会活动的历史记录,是随着人们的实践活动逐步积累起来的,它不像图书资料那样被大量印刷出版并广泛流通。档案大多数是孤本,不能随意复制,尤其是历史档案,能够流传至今的很少。因此,档案较之于一般的图书资料而言更显珍贵,在其保管和利用过程中要重视它、保护它。

### (二)档案管理过程的阶段性

就档案的流转程序而言,档案管理过程可分为档案室管理和档案馆管理两个阶段。处于不同阶段的档案所起的作用不同,具有不同的价值,服务对象不同,其管理方式也有很大差异。在档案室管理阶段,档案具有凭证价值,主要

---

①黄亚军,韩国峰,韩玉红:《现代档案信息化管理与建设研究》,吉林人民出版社,2022。

为其形成单位控制和使用，为该单位日常工作经常查考之用，具有过渡性。在档案馆管理阶段，档案对其形成单位的作用减少，具有历史价值和科学文化价值，进入永久保存时期。这个阶段的档案管理工作不是仅为某个单位服务，而是为整个社会各项工作服务。

### （三）档案管理活动对档案形成者的依附性

档案是在其形成者活动过程中产生的，反映了形成者的全部历史及其观点、经验和成果，包含了与其形成者利益密切相关的事实和数据。因此，档案历来为形成者所有与控制，其价值与它的形成者有密切关系。目前，普遍采用的在档案整理中保持档案的来源联系的做法就充分说明了这一点。档案对形成者的依附性，使得档案难以像图书资料那样广为传播，这在某种程度上也限制了档案管理活动的范围。

### （四）档案管理工作对社会的相对封闭性

档案直接关系到其形成者的切身利益，并且有相当一部分档案涉及国家的政治、军事、经济与技术机密。所以，档案一般自形成之日起，对外有一段时间的封闭期，过了这段封闭期后，才能有选择地向社会开放。而图书情报工作讲究时效性，图书资料传递速度越快，范围越广，其价值就越大。档案管理的封闭性造成了档案保管和利用的矛盾，这种矛盾贯穿于档案管理的整个过程，并由此推动档案管理工作不断向前发展。

## 二、档案管理的内容

档案管理主要包括两个方面的内容：一是对档案资源的管理，也称档案实体管理；二是对档案中所包含信息的管理，称为档案信息组织。档案信息组织方法有分类法、主题法、索引法、文摘法、综述法等，是对档案中包含的信息内容进行揭示、加工和存贮，形成二次文献，便于档案信息的开发利用。

其中，档案的收集、整理、鉴定、保管和统计工作是档案管理的基础业务工作，主要是针对档案实体的管理，对档案实体进行有序组织、排列和统计，建立数量充足、种类齐全、载体多样的馆藏体系，为档案的利用服务奠定档案资源基础。开展档案的检索、编纂和利用工作的主要目的是满足社会利用档案的需求。随着档案管理现代化的发展和档案利用工作的加强，档案编目检索工作和档案编纂工作逐渐成为相对独立的档案业务工作，这使档案管理工作的内容结构发生了变化。

# 第四节　档案管理的基本要求

## 一、档案收集工作的基本要求

### （一）丰富和优化档案馆（室）藏

丰富和优化档案馆（室）藏要求在收集档案时，做到以下四点：

#### 1.数量充分

所谓数量充分，就是要求各级各类档案保管机构尽量补充档案数量。就现状来看，我国的档案虽然在总数量上名列世界第一，但在人均占有量上并不高。这与我国的悠久历史和社会的需求不相适应，因此应想方设法丰富档案馆（室）藏。

#### 2.质量优化

所谓质量优化，就是指所收藏的档案要达到一定的质量标准，具体包括两个方面：一是档案本身的内在质量（完整性、准确性、规范性）和外在质量（档案载体及书写、印制材料应符合长期安全保管的要求）；二是档案整理的质量。只讲数量、不讲质量的收集，是没有价值的。笔者认为：必须保证所收集的档案在将来有人使用，可适当增加数量，但要按国家的相关标准进行收集；否则，就会出现档案数量多了，但可供人利用的却少了的反常情形。

### 3.门类齐全

所谓门类齐全，就是指档案保管机构应收集各种门类的档案。在收集中不仅要收集文书档案，也要收集科技、专门档案；不仅要收集纸张载体的档案，还要收集声像、照片等各种载体形态的档案。否则，档案保管机构所保管的档案就会因门类的单一而缺乏吸引力。

### 4.结构合理

所谓结构合理，就是指档案保管机构所收藏的档案在来源、内容等方面，应该是合理布局的。档案馆、室藏档案既要有一般性的材料，也要有各具特色的材料；既要有领导机关的材料，也要有基层单位的材料；既要有宏观材料，又要有微观材料。在收集时，既要收集档案，又要收集如报刊、地方志、传记、年鉴、回忆录、文件汇编、成果汇编及其他资料。

## （二）加强档案馆（室）外的调查和指导

档案室必须注意调查研究，掌握本单位文件的形成规律和特点，制定归档制度，明确接收档案的范围、时间、数量与质量要求。档案馆应从本馆的性质与职责出发，对有关国家机构、社会组织和个人的职能、地位、任务及形成档案的种类、内容、保存价值、数量、整理和保管等情况，进行调查研究，确定应移交档案的范围、时间、数量、质量要求和手续。

在接收前，档案室应加强对有关部门的档案工作的指导，以保证所收集档案的质量与价值。

### （三）积极推行入馆（室）档案的标准化

积极推行入馆（室）档案的标准化要求在收集档案时控制好档案的质量。凡反映本机关主要职能活动，具有保存价值的各种门类的档案，均应收集齐全完整；进馆档案必须以全宗为单位进行整理；进馆档案必须是经过鉴定的，保管期限必须准确无误；档案整理（分类、组卷、排列、编号、编目、装订等）规范；所采用的档案包装材料必须符合国家的相关要求，所编制的检索工具应符合档案工作要求，在利用档案时能做到有目可查；归档材料中有电子文件的，应当与相对应的纸质文件一并存档；属于非光盘形式的电子文件，应当转换成光盘储存形式的电子文件。档案工作的标准化，应该在收集时就着手推行。

### （四）保持全宗不可分散性

全宗就是一个立档单位形成的全部档案，一个单位的各项活动是密切联系的，因此在活动中形成的各种文件材料往往存在固有的联系。为了确保文件的完整，在收集档案时必须坚持全宗不可分散的原则，一个单位的形成档案应集中到一个档案室，不能人为地分散处理。

## 二、档案整理工作的基本要求

档案整理工作的基本要求是保持文件之间的历史联系。文件之间的历史联系是指文件在产生和处理过程中所形成的内部相互关系。保持文件之间的历史联系，可使档案能够客观地反映其形成者的历史面貌。文件之间的历史联系主要表现为以下四个方面：

### （一）文件在来源上的联系

文件的来源一般指形成档案的社会组织或个人。同属于一个形成者或同类型形成者的文件往往有密切的联系。不同来源的文件反映不同形成者历史活动的面貌。在整理档案时必须保持文件在来源上的联系，不同来源的档案不能混淆在一起。

## （二）文件在时间上的联系

文件的时间一般是指其形成的时间。不同时间的活动，所形成的文件先后有序；同一阶段的活动，所形成的文件具有自然的时间联系。在整理档案时，保持文件之间在时间上的联系，有利于体现其形成者活动的阶段性、连续性和完整性。

## （三）文件在内容上的联系

文件的内容一般指文件涉及的具体事务或问题；解决同一项事务或同一个问题所形成的文件之间必然具有不可分割的联系。在整理档案时，保持文件之间在内容上的联系，有利于完整地反映其形成者关于各种活动的基本情况，也便于查找、利用。

## （四）文件在形式上的联系

文件的形式一般是指其载体、文种、表达方式以及特定的标记等存在于表达形态方式的因素。不同形式的文件往往具有不同的作用、特点和管理要求，可承接不同的任务，反映一些特定的工作关系。在整理档案时，保持文件在形式上的联系，有利于揭示文件的特殊价值，便于档案的保管和利用。

# 三、档案价值鉴定工作的基本要求

## （一）从国家、人民、集体利益出发判定档案的保存价值

档案价值鉴定工作是一项直接关系到一个国家和民族的社会历史记忆能否得到有效维护和传承的重要工作。笔者认为，应从国家、人民、集体利益出发，科学地组织和开展。那种只考虑本单位利益，而忽视国家、人民、集体利益的档案价值鉴定思想是有害的。

每个立档单位保存档案的直接动力来源是为本单位的业务工作的可持续进行留存足够的业务活动证据和法律所要求的证据，同时也为保证本单位业务活动的健康性，留存那些具有参考价值的文件和记录。

但是，随着时间的流逝和立档单位的业务发展，原来留存的档案就会逐渐失去其业务证据价值和业务参考价值，这时立档单位继续保存这部分档案的原动力就不存在了。如果一个组织只顾自身的利益，不顾国家、人民、集体利益，那么会使整个国家和社会的历史记忆不断流失。为此，在开展档案价值鉴定工作时，尤其是在对"保存期满"的档案进行"定期鉴定"时，各立档单位和国家档案管理部门只有遵循"从国家、人民、集体利益出发判定档案的保存价值"的原则性要求，才能保证我们的国家记忆、民族记忆、社会历史记忆的相对完整性，才能保证我们的民族文化得到长久传承和发展。

## （二）采用全面的观点指导档案价值鉴定工作

不谋全局者，难以谋一域。所谓采用全面的观点指导档案价值鉴定工作，从立档单位角度看，就是在判定档案保存价值时，应全面分析影响档案保存价值的相关因素，综合判定档案的保存价值；从社会角度看，就是在判定档案保存价值时，应避免只从一个机关、一个部门（机构）或个人的需要出发去开展价值鉴定工作，而应从社会的需要出发去开展工作。从档案管理的整体效益角

度看，坚持全面的观点开展档案价值鉴定工作，也是实现整个国家档案资源体系建设整体优化目标的需要。如何有效地消除全宗之间的档案重复留存问题，关键的解决办法之一就是在档案价值鉴定工作中切实采用全面的观点，采取有效的整体控制手段和措施。

采用全面的观点指导档案价值鉴定工作，有助于档案价值鉴定人员全面把握和认识有关全宗、类别（系列）、案卷的保存价值，避免档案价值鉴定人员孤立地判定每一份文件的保存价值。

### （三）采用历史的观点指导档案价值鉴定工作

档案是历史的记录，具有鲜明的历史时代性特征。那种只从"现实需要"出发判定档案保存价值的思想和行为，会给人类社会档案记忆的完整性和连续性造成极大的损害。在鉴定档案价值时，坚持历史的观点，就是要根据档案产生的历史条件及其在历史上的作用，科学地评价其对维护人类社会历史记忆的价值，确定其保存价值。在档案价值鉴定工作实践中，坚持历史的观点，就必须坚决反对片面的实用主义观点。

### （四）采用发展的观点指导档案价值鉴定工作

在档案价值鉴定工作中，采用发展的观点指导档案价值鉴定工作，就是要充分考虑到档案保存的未来意义。档案的保存不仅是现实社会存续和发展的需要，也是子孙万代生存与发展的需要。档案价值鉴定工作人员应具有一定的预测未来社会发展需要的能力。随着数字时代的到来，一些在纸质档案占统治地位的时代被鉴定为"保存价值不大"的文件和记录，其数字形态的记录却因为蕴含着丰富的、可供分析和加工的"数据"和"信息"，而成为一种具有较大留存价值的资源。所以，那种简单地认为"纸质文件和记录"与"电子文件和记录"的保存价值相同的观点和做法，是武断的，也是有害的。正确的做法是：纸质档案按传统的价值鉴定标准去判定其保存价值；数字档案（电子档案）的价值鉴定标准则应重新确定。

（五）采用科学的效益观点指导档案价值鉴定工作

对于纸质档案等传统载体形态档案的价值鉴定，必须考虑立档单位和国家档案管理部门的保存能力。那种认为只要文件和记录具有些许利用价值就应作为档案加以保存的思想观念，不仅脱离实际，而且一旦实施往往会劳民伤财。为此，开展档案价值鉴定工作时，鉴定人员应对列入保存范围的文件和记录的利用价值进行充分的预测和评价。只有当档案发挥作用所带来的经济效益和社会效益大于相关部门所付出的管理成本时，档案才是具有保存价值的。诚然，某些效益观点，如只评价档案保存的经济效益，却忽略档案保存的社会效益的观点，在档案价值鉴定中也要坚决避免。

# 四、档案保管工作的基本要求

## （一）重视日常管理工作

为了保持档案库房管理的稳定、有序，应注重建立健全管理规则和制度，加强日常管理。在库房管理中要做到以下几点：归档和接收的案卷及时入库；调阅完毕的案卷及时复位；定期进行案卷的清点和检查；发现问题及时处理。只要坚持严格的日常管理，就能保证库房内档案处于良好状态。

## （二）预防为主，防治结合

在档案保管工作中，保护档案实体安全的方法概括起来主要有两类：一是如何预防档案实体损坏的方法；二是当环境不符合档案保管要求时或当档案实体受到损坏后如何处置的方法。在归档或接收的档案中，实体处于"健康"状态的档案占绝大多数。因此，在档案保管工作中，积极预防档案受到各种不良因素的破坏是主动治本的方法。同时，相关人员还应该加强日常管理和检查，及时发现档案实体出现的病变情况，以便迅速地采取各种治理措施，阻断或消除破坏档案的有害因素，修复被损害的档案，使其恢复健康。笔者认为，预防为主，防治结合，才能更好地保证档案实体的安全。

### （三）突出重点、兼顾一般

由于档案的价值不同，保管期限长短不一，所以，在管理过程中，相关人员应坚持突出重点、兼顾一般的原则。对于单位的核心档案、重要立档单位的档案、需要长久保存的档案，应该加以重点保护，尽量延长档案的寿命。对于一般性、只需短期保存的档案，也要提供符合要求的保管条件，确保其在保管期限内的安全，以便利用。

### （四）管理与技术相结合

档案保管工作要有效开展，管理和技术二者缺一不可，二者从不同层面维护着档案的安全和完整。管理和技术在应对威胁档案安全的不同风险因素中，各自发挥着不可替代的作用。比如：由于人为因素对档案造成破坏的，需要靠管理制度来约束，单纯的技术是难以发挥作用的；而对于不可控的自然因素对档案带来的破坏，必须利用先进的技术来应对。因此，片面强调管理，或者片面强调技术都是不科学的。同时，无论是管理还是技术，都不是一成不变的。管理的理念、方式需要不断科学化、合理化，技术手段需要不断现代化，以确保管理和技术更好地成为档案保管工作科学发展的双翼。

### （五）对于不同价值的档案，应区分保管

在档案保管中，不能采取"一刀切"的模式来管理全部档案。为了实现对档案的合理保管，对于不同价值的档案，应区别对待。在保管工作中，所谓不同的档案，主要是从档案的保存价值、保管期限及载体等方面加以区分的。《中

华人民共和国档案法实施办法》第三条规定："各级国家档案馆馆藏的永久保管档案分一、二、三级管理，分级的具体标准和管理办法由国家档案局制定。"第十五条规定："各级国家档案馆应当对所保管的档案采取下列管理措施：（一）建立科学的管理制度，逐步实现保管的规范化、标准化；（二）配置适宜安全保存档案的专门库房，配备防盗、防火、防渍、防有害生物的必要设施；（三）根据档案的不同等级，采取有效措施，加以保护和管理；（四）根据需要和可能，配备适应档案现代化管理需要的技术设备。机关、团体、企业事业单位和其他组织的档案保管，根据需要，参照前款规定办理。"

区分保管不同价值、不同保管期限的档案，有助于实现档案保管工作稳定有序开展。尤其是随着社会科学技术的飞速发展，不同载体的档案大量产生，不同载体记录信息的结构、原理不同，其保管要求也各不相同。因此，不同载体的档案，也应区分保管。

## 五、档案编研工作的基本要求

档案编研工作是一项政治性、科学性很强的工作，需要相关人员有高度的政治责任心和实事求是的科学态度，严肃认真，一丝不苟。档案编研工作的基本要求包括以下几方面：

### （一）政治方向正确

古往今来，档案编研工作总是带有一定的政治倾向。现在的档案编研工作要坚持以为社会主义现代化建设事业服务的宗旨，坚持辩证唯物主义和历史唯物主义的世界观和方法论，维护党和人民的根本利益，遵守党和国家的方针、政策、法律，注意保守党和国家的机密。

## （二）史料真实

编研过程中选用的档案史料必须正确、客观地反映历史事实，这是检验编研成果质量和能否经得起历史考验的关键所在。档案编研工作必须对档案材料进行认真的核实考证，去伪存真。切忌不加考证地盲目使用档案史料，造成以讹传讹和鱼目混珠。

## （三）内容充实

档案编研成果能否受到社会的欢迎和重视，主要取决于它是否有丰富充实的内容，能否完整地反映有关事物的发生、发展和终结的全部过程。因此，就需要将与题目有关的档案材料收集齐全，尽量选用并组成能反映题目内涵的完整材料。

## （四）体例系统

体例系统，是指将档案材料按其内在联系组成一个有机整体。在内容上条理分明，上下联系，合乎逻辑；在编排体例上科学地划分章节或分类，结构严谨，形成体系。

# 六、档案统计工作的基本要求

档案统计工作是档案部门的一项严肃科学任务。为了做好档案统计工作，发挥档案统计工作的作用，在进行统计时必须做到准确、及时和科学。

## （一）及时性

统计工作的目的是解决档案工作中的实际问题，及时了解有关情况。如果统计工作拖沓，就必然会贻误良机，从而影响档案工作。为此应该建立档案统计制度，使档案统计纳入档案部门的日常工作轨道，各级各类档案馆、档案室的统计工作要制度化，相互配合，及时地按规定上报档案工作领域的相关信息，为指导和监督档案工作提供科学依据。

（二）可量化性

统计是以数字来量化并反映统计对象现状的。在档案统计工作中，实施统计的重要领域及其重要因素，必须是可进行量的描述与量化研究的。否则，档案统计工作会成为一般的档案登记工作。

（三）连续性

为达到统计工作的目的，保证统计数字的准确性和统计工作的质量，档案统计工作必须连续进行，对有关内容的统计一定要有始有终，不能间断。只有保持连续性，档案统计工作才能对档案现象的发展变化进行历史的、系统的全面反映，也才能保证统计工作的质量，达到统计工作的目的。

（四）目的性

档案统计工作是为了一定的目的进行的，不是为统计而统计。如果没有明确的目的性，统计工作就会失去意义，也不容易坚持下去。因此，确定档案的统计项目，要依据本单位的实际情况，兼顾需要和可能，如单位大小、档案多少、管理状况和利用状况等有目的地、实事求是地进行，从而更好地开展本单位的档案统计工作。

（五）准确性与真实性

档案统计工作的基本要求是保证统计数据准确无误。档案统计工作是用数字语言来表述事实的，因此必须十分准确。统计工作所获得的各种数据及其整理、分析得出的数据和结果都必须真实可靠，具有客观性。数字的真实性、准确性是档案统计工作的生命。

要做到统计数字真实、准确，就必须有认真、负责的工作态度和一丝不苟、实事求是的工作作风，严格统计纪律，建立和规定科学的统计指标和统计计量方法。这样统计出来的数字才有价值，也才能够保证统计工作目的的实现。

### （六）法治性

现代社会是法治社会，任何工作都要依法而行，档案工作也不例外。比如，《中华人民共和国统计法》是档案统计工作应遵循的准则。档案统计也要纳入法治建设的轨道。目前，实际工作中仍然存在统计违法行为，如为夸大成绩或缩小失误而瞒报、伪造和篡改统计数据资料等。因此，有关部门要加大执法力度，以使档案统计工作顺利开展，从而真正发挥档案统计工作的作用。

统计工作不是为了取得统计数字，而是要对统计数字进行分析、研究，从中寻找事物发展变化的规律，也就是说要对档案统计所取得的原始数字进行周密分析和研究，根据档案在一定时间、地点和条件下的具体数量关系，揭示档案及其管理工作中的内在联系和矛盾，从中总结经验、发现问题、分析矛盾、探索规律，从而改进档案工作，提高管理水平。

## 第五节　档案管理体制概述

我国的档案事业是逐步发展起来的，我国现行的档案管理体制也是中华人民共和国成立后，从无到有、经历多次改革和调整才逐步形成、基本完善的。中华人民共和国成立前，我国档案工作基本上是处于分散的档案室管理状态；中华人民共和国成立后，随着社会、经济、政治的发展，结合我国实际情况，经过不断探索，我国档案事业才逐步形成集中式的档案管理体制。我国现行档案管理体制的形成受多方面因素的影响。

# 一、我国古代档案管理保护体制

下面以我国古代档案管理保护体制为例研究档案管理体制。

## （一）副本制度

档案文书副本，通常指同一档案文件的抄书或复制本，是相对档案文书正本而言的。制作和保存档案文书副本，是我国古代文档管理的一项重要制度，从现存史料来看，这一制度首创于我国西周时期。

西周王朝所开创的档案文书副本制度对我国后世的文档管理产生了深远的影响，自此，几乎所有朝代均根据其自身情况，为档案文书建立副本，在文档管理中推行副本制度。到了封建社会中后期，尤其是清代，这一制度得到了进一步发展。这具体表现在以下两个方面：

第一，统治者对档案文书副本极为重视，将其管理正式纳入封建法制范畴。唐、宋朝时，对偷盗、丢失档案文书副本不乏严厉的处罚。在明清时期，有关档案副本的法令则相对明确、详尽，清代还颁布有专门的关于副本的法令。

第二，形成了较为系统的副本管理方法和制度，其内容涉及档案文书副本的拟制与形成、收集、归档、保管等多个环节。

从档案副本的形成来看，大致有三种情况：

第一，副本由文件作者在制定文件正本的过程中同时制作完成。这种形成方式，多见于古代的户籍、赋役、诉讼及人事、行政等档案文书。如为了能使正本和副本相区分，明朝还特别规定，各地每 10 年编造一次赋役册籍，共 4 套，其中 3 套用青色封面（称"青册"），由布政司、府（州）、县各存其管辖范围内的 1 套；1 套用黄色封面（称"黄册"）上交中央户部。

第二，副本在文件的运转处理过程中由有关部门抄录形成。这种档案文书副本的派生，主要是因留存、发抄、汇抄等需要而形成的。清代派生的副本的数量与种类较多，清朝的政务处理，主要以题本、奏折及谕旨作为上传下达的基本工具。臣僚上奏，前期多用题本，题本经内阁票拟、皇帝批阅后，即由六科发抄各有关衙门执行，传抄主管衙门者为正抄，转抄关涉衙门者为外抄。发抄后六科还须别录两份，各自成册，从而形成所谓"史书"和"录书"，"史书"送内阁供史官记注，"录书"存科以备编纂。这就是说，一件题本除本身随本备送的副本之外，其处理运转还形成正抄、外抄，以及史书、录书。奏折是清代中后期常用的一种极其重要的上奏文书，通常不许臣僚备送副本。奏折统一由军机处办理。《枢垣记略》载："凡未奉朱批之折，即以原折发钞。凡朱批原折，如在京衙门之折，即存军机处汇缴；如各省，俱于本日录副后，系专差赍奏者，交内奏事封发，由驿驰奏者，即由本处封交兵部递往。其内阁领钞之折于次日缴回，同不发钞之折按日归入月折包备案。"这也形成了奏折副本，通称"录副奏折"。皇帝的谕旨，无论是由内阁"明发"，还是军机处大臣"廷寄"，都要详录成册，存案备查。因而，形成了名目繁多的谕旨抄本档册。事实上，这种谕旨汇抄过程，就是副本形成过程，其抄录的谕旨副本档册，具有和正本完全一样的可靠性。

第三，因档案的损毁进行补录或保护性缮录而形成抄本。在古代，由于受保管条件、保护水平的限制，或者因为战乱、水灾、火灾等，档案损毁现象较为普遍。对损毁的档案，需要进行定期或不定期的抄录复制。如唐代保存在吏部甲库的远年甲历，多有残缺，宪宗元和年间，就曾依旧件缮录副本。宋代架阁库收藏的档案，一旦"漏落""被水漂坏"或"为火所焚"，就须"雇人誊写"，交互抄录，以补其缺。宋室南渡后，朝廷很多重要档案损毁无存，因此各衙门间常常相互"差人前去计会抄录"（《宋会要辑稿（初校）》）。明代中期，地方衙门所藏远年户籍赋役文件，大多残缺不全，给相关工作造成莫大不便。明孝宗弘治年间，知府潘岭请求准许各地官府，到后湖黄册库抄录各地的全套册籍。特别值得一谈的是，清代对重要档案，实行定期缮录制度。清制，军机处所存档簿，因查阅使用频繁，易于损坏，故有"凡清汉字之档，岁久则缮"的规定（《光绪会典》）。满文档簿每届五年、汉文档簿每届三年，均由军机大臣奏明另缮一份，与原档一同存储，以备缺失时补充。如此一来，就自然会形成相应的档案文书副本。

再拿副本的保管来看，已经由开始的正副简单分开保存，发展到建立专门的副本库及副本管理机构集中保管副本。如明朝地方架阁库内，通常建有收藏户籍赋役档案副本的专库，不仅实现了户籍赋役档案正本与副本的分藏，同时也将副本与其他案牍加以区分，以便检阅。明朝以皇史宬两厢集中收藏副本。随着档案副本的增多，清嘉庆年间，又特设"副本库"作为保管副本的专门机构，并派满汉中书官数名负责管理。

此外，副本制度的发展还表现在对副本制度的有关理论研究上。最为杰出者莫过于清代史学家章学诚。章学诚曾任国子监典籍，长期从事方志纂修工作，他在修志实践中，深切体会到"文移案牍"对方志的重要性。因此，他专门撰写《州县请立志科议》，倡议州县要在六科之外另设"志科"用以专门收集保管有关档案文书副本；并且对副本的性质功能、收集管理等进行了较为系统的理论阐述，为我国档案文书副本制度的发展做出了重要贡献。

纵观中国古代副本制度的发展，主要有以下几点值得借鉴：

1. 利用副本，保护正本，便于查询利用

在古代，正本在数量上通常只是单份，或许正因为这一点，正本往往重藏轻用，以便更好保护流传。相对而言，副本可以多份，并多地点、多部门分存，以便广泛查询利用。以秦为例，秦实行以法治国、以法教民政策，颁布了大量的法令，法令皆副，且有多份，分存丞相、御史大夫和地方郡县，并且有专门人员为吏民提供查询服务。

2. 防止舞弊，确保信息内容安全

副本作为正本的复制本，有很好的可信度。因而副本制度对于舞文弄法以营私罔利能够起到防范、抑制与威慑作用，是档案文书信息内容安全的一把保护锁。正如清代雍正在颁布副本法令时强调的那样，建立副本"如此、不但于公事有益。且可杜奸胥猾吏隐藏改换之弊"（《世宗宪皇帝实录（雍正）》）。

唐代铨选任用官员,其用作基本依据的甲历档案一式三份,并且分开三库保藏,只有三库甲历完全相符,吏部方可依资授官,从而较好避免了涂改、伪造、顶替、假冒等舞弊事件的发生,有效促进了铨选的顺利进行。

### 3.积累材料,便于修史

自汉以来,各朝各代档案文书副本,都有为编修史志典章而积累材料的共同点。特别是清代的副本"史书""录书"更是直接肩负供史官记注及备编纂的功用。所以说,我国古代史志纂修及典章汇编能取得巨大成就,我们今天能拥有浩如烟海的古代文化典籍,不得不说这与档案文书副本制度有很大的关系。

### 4.补阙备失,以利留存

古代社会里档案文书大多不留存底稿,正本往往只有一份,是真正的孤本。受保护技术与水平低下、各种灾害的制约,档案文书很容易遭到损毁,存留与传世也十分不易,迫切需要借助副本来保护、维系和延续档案的生命。因此,古人借助副本,以防患未然,通过别录副本,使正在受损的档案文书得到更好的保存;对因故已经损坏无存的档案文书,通过交互补录副本,形成替代、以补阙失,从而使档案文本得到再生。例如,唐代,德宗吸取前朝的教训,在原来将甲历分三库收藏的基础上,"更写一本进内收贮。纵三库断裂,即检内库本",从而以确保万无一失(《唐会要》)。清代除交互补录副本弥补阙失外,还常进行保护性修缮,每历数年,另缮一份,并与原档一同存储。

### 5.减少周转时间,加快信息传递速度,方便政务处理

例如,明代的户口赋役档案,在正本之外尚有多份副本,分存地方司、府、州、县,从而使各地赋役分派工作,既有参考依据,又能顺利进行。所以,各地对副本保存格外重视,正如他们自己所说:"继自今稽户口之登耗者在是,考垦田之多寡者在是;辨兵民,验主客,以令徒役者又在是,其有资于治道岂浅也哉?"(《江西布政司黄册库修造记》)清朝,随本揭帖作为题奏本章的副本,有助于提高行政效率,这让皇帝批阅本章的同时,也使关涉衙门能及时了解与研究本章上反映的问题,待到本章批下,有关办理便不至耽延时日。奏

折副本，在清代被当作正式文件发抄各有关衙门执行，而朱批原折只用作信息反馈发还具奏之人，其行政功用，更不用言说。

### （二）保密制度

我国古代档案保密已有数千年的历史，在历朝历代都形成了相应的档案保密制度和法规体系，主要有以下三种保密制度：

第一，针对文书起草者的保密制度。如兴于隋唐，为历代所仿效的"四禁"制度，就是针对负责起草皇帝诏令的中书舍人而制定的，其要求起草者在起草文书时，"其禁有四：一曰漏泄，二曰稽缓，三曰违失，四曰忘误"（《旧唐书》）。清承明制，对于文书保密尤为重视，特别是清世宗雍正年间，先后多次改革行文制度，如将原来只在皇帝及其亲信间使用的奏折升格为秘而不宣的正式官文书。

第二，针对文书传递及处理者的保密制度。为了保密，汉代公务密事的管理，要求尽量缩小接触范围，并明确规定了"依次传行"的公文档案传递方式。对泄密事者，朝廷给予法律制裁。

宋代制定了传布机密文书、公布档案的禁令。《庆元条法事类》记载："诸被受条制应誊报编录而不誊报编录，及应注冲改而不注，若缘边事应密行下而榜示者，各徒二年。即不应誊报而誊报，或编录不如法若脱误有害者，各减三等。""诸雕印御书、本朝《会要》及言时政、边机文书者，杖八十，并许人告。即传写《国史》《实录》者，罪亦如之。""诸私雕或盗印《律》《敕》《令》《格》《式》《刑统》《续降条制》《历日》者，各杖一百，（增添事件，撰造大小本《历日》雕印贩卖者准此，仍千里编管。）许人告。""诸私雕印文书，不纳所属详定辄印卖者，杖一百，印而未卖，减三等。"此外，还奖励告发泄密者：凡告发藏匿，拆换文书获实的，如案情重大，赏告发者钱一百贯，案情一般，则赏五十贯；告发文书收发人员违反规章，私自将文书带回家过夜的，查实后，赏给告发者钱五十贯。

清代还规定，内容密本，各科办完后要密封交回。密折不准与人商酌或让同僚知悉。御批、谕旨不准横传，相邻不准互通，路过不得打听。下行密本收存前，非来办者偷看以致泄密，要罚杖六十，重者，判三年徒刑。

第三，针对档案保管者的保密制度。秦代规定档案正本存中央禁室，副本存皇帝殿廷禁宫、丞相御史大夫府及郡县，并规定严禁私入禁室，对私入禁室偷看档案者，罪皆死而不赦。宋代枢密院直接对掌管重要秘密官员提出了严格的要求，规定了不得私自出访和不准私自接待客人的保密制度。明清时期制定了更加严格的档案保密制度。据明《后湖志》可知：后湖黄册库内有朱元璋石刻诏书，不许一般人入库，过湖船只和库房钥匙，均由南京大内太监掌握。开船开库均有定期，入湖过桥严禁烟火，有偷册者不论首从，均判斩刑。故"湖曰禁湖，地曰禁地，例必曰禁例，而船必曰禁船以至樵采渔牧之有罚，巡视守护之有人，局擅越湖者必以重治"（《后湖志》）。清代雍正皇帝更是重视档案保密工作，制定了档案保密制度和措施。雍正七年下令："嗣后各部衙门存贮档案之处，应委笔帖式等官，轮班直宿巡查。至内阁本章及各衙门档案，皆应于正本外立一副本，另行收贮。"（《大清会典事例》）

《大清律例增修汇纂大成》记载："文稿案册，责成掌印司员，督饬经承、贴写等，严密收贮，随时抽查。夜间，责成当月司员，严查值宿书吏，小心看守，如有遗失，将该官议处，并将该经承、贴写，一并斥革。如有不肖官吏，偷窃档案，希图讹诈，并藏匿、抽换、接扣，挟嫌倾陷者，许该吏等指名禀报，送交刑部，从重治罪。至皂役纵容外人入署销售货物，将失察之该管官，照例议处。""衙署密留匪人，将失察之该管官撤参，失于稽察官兵皂役，以致窃失文书、册籍存案者，照例罚俸一年。""不实力稽察官兵皂役，以致窃失文书、册籍，存公银两者，罚俸一年。如系库贮册金、祭器被窃，照遗失制书律革职。"

### （三）安全制度

历代统治者都非常重视通过各种制度来约束人的行为，以保护档案载体和信息内容的安全与完整。早在战国时期，秦国就有涉及档案安全的制度。据记载，律法档案要"即以左券予吏之问法令者，主法令之吏谨藏其右券，木柙以室藏之，封以法令之长印"（《商君书》）。尤其值得注意的是，秦律中还有关于库房防火的条文，规定不准把火带进专门收藏文书的府库，新建官吏的宿舍，不准靠近档案库房等。真正把档案防盗窃与毁坏的制度思想列入国家法律的范畴，始于唐代。

古代档案保护制度思想体现了对皇权的维护，对于偷窃、丢失"制书"的惩罚要比其他类型的档案严厉得多。宋元以后，诸朝统治者在继承唐代档案安全制度思想的基础上，出台了更加具体、操作性更强、约束面更广的保护制度法规。

## 二、我国现代档案管理体制的形成

新中国成立伊始，我国档案工作还处于机关档案室工作时期，全国各机关、团体、部队和企事业单位的档案工作基本上处于分散管理的状态，由于这一时期的档案事业缺少专门的档案行政管理机构，全国的档案工作也没有形成统一的管理体制。随着第一个五年计划的顺利进行与社会主义建设事业的迅猛发展，要求进一步加强党中央集中统一领导，有计划地进行社会主义建设。1954年，《中央人民政府关于撤销大区一级行政机构和合并若干省市建制的决定》发布。此后，我国撤销机关的档案，成立临时档案保管机构，进行集中统一管理。在各大区一级党政机构的撤销和档案的集中管理过程中，由于贯彻了统一集中与保持原机关档案完整的原则，既保证了大区一级党政机构撤销机关档案的完整与安全，同时也为档案事业贯彻集中统一管理提供了经验、树立了榜样。

由于大区档案的集中，要求设立有关档案工作的领导机构，进行统一领导，也要求由专门的档案工作的业务机构负责大区档案的整理和保管工作，这也促进了国家档案领导机构的产生，为中央档案馆及某些省档案馆的建立创造了条件。

档案事业的发展也推动了国家档案局的成立。1954 年，中华人民共和国国家档案局（以下简称"国家档案局"）成立。国家档案局的建立，在我国档案工作发展史上具有非常重要的意义，标志着我国档案工作从此有了统一的领导机关，为我国档案事业的发展提供了组织保障。1956 年，国务院讨论通过了《关于加强国家档案工作的决定》（以下简称《决定》）。《决定》对我国档案事业建设中的基本原则和重要内容都有了明确的规定。《决定》明确了国家档案的范围；宣布了国家的全部档案都是国家的历史财富，彻底解决了档案的所有制问题；确立了我国档案工作的基本原则是"集中统一地管理国家档案，维护档案的完整与安全，便于国家各项工作的利用"；指出"加强国家档案工作的统一管理""全国档案工作，都应该由国家档案管理机关统一地、分层负责地进行指导和监督"。1959 年 1 月 7 日，中共中央发布了《关于统一管理党政档案工作的通知》，决定把党的档案工作和政府的档案工作统一起来。在档案工作统一管理之后，各级档案管理机构既是党的机构，又是政府机构。为加强党对档案工作的领导，中央档案管理机构由中央办公厅主任直接领导，地方各级档案管理机构由地方各级党委秘书长直接领导，不设秘书长的县委由办公室主任直接领导。党、政档案和档案工作统一管理以后，中共中央办公厅秘书局档案处的业务指导工作与国家档案局合并，国家档案局成为统一领导全国党和政府系统档案工作的管理机构。至此，我国党、政档案工作集中统一管理的体制基本形成。①

改革开放以来，我国先后进行了多次机构改革，档案管理体制的演进与档案管理机构的设置也深受历次机构改革的影响。自改革开放以来，我国档案管

①肖兴辉，刘新萍：《文书与档案管理》，对外经济贸易大学出版社，2014。

理体制改革也和整个国家的经济、政治体制改革相同步。在此大背景下，档案管理体制先后经历了数次档案机构改革，为体现"精简、统一、效能"的基本原则，经过不断调整逐步根据我国国情形成了"统一领导、分级管理"的组织原则与"局馆合一"的领导体制。

## 三、档案管理体制的分类

档案管理体制，是指一个国家管理国家全部档案和档案工作的方式和组织制度，包括各类档案机构的设置、隶属关系、权限划分等。管理体制在中央集权制国家，体现为国家档案事业行政管理组织与各档案机构之间的关系；在联邦制国家，体现为各类档案机构之间的关系。目前，世界上主要有两种档案管理体制：分散式和集中式。

### （一）分散式档案管理体制

分散式档案管理体制，是指国家不设立档案事业行政管理组织，关于档案和档案工作，中央和地方分权管理、各负其责。中央档案机构只负责管理中央或联邦政府组织的档案及历史档案，而无权过问地方档案事务。也就是说，地方档案机构不接受中央档案机构的领导、指导和监督，各类档案馆仅负责管理本馆职权范围内的档案，与中央档案机构既无上下从属关系，又无法定的横向联系。

采用分散制的大多为联邦制国家，分散制的形式主要有：

1.英国式

英国、德国等国家在中央不设立国家档案行政管理部门，只设立中央级国家档案馆——公共档案馆或联邦档案馆，其同地方档案馆之间权力均等，没有任何领导、指导和监督的关系。

## 2.瑞士式

中央不设立国家档案行政管理部门，只设立联邦档案馆，它和各州档案馆之间没有任何领导、指导和监督的关系，但由档案工作者协会协调档案馆之间的关系。

## 3.美国式

与上述略有不同的是在首都设立联邦政府的档案业务管理组织——国家档案与文件署，通过其管辖的国家档案馆对联邦政府内各机构的档案实行集中统一管理。但该署与各州档案机构没有隶属关系，对各州档案工作不起任何领导、指导和监督作用。

## （二）集中式档案管理体制

集中式档案管理体制，是指地方档案机构接受中央档案机构的领导、指导和监督。这种体制下的各级档案机构是由国家用行政手段或法律手段设立的，其中档案事业行政管理组织是全国档案工作的业务指挥中心，它依法对档案机构的工作进行指导和监督。集中式档案管理体制可以使整个档案管理工作更加组织化和有序化。

按照档案行政管理中心的设置及其性质，集中制的形式主要有：

## 1.中国式

实行执政党和政府的档案工作集中统一管理原则下的管理体制，在全国各级政府机构中设立档案行政管理部门，分级统一掌管全国档案事务。

## 2.法国式

法国、意大利、罗马尼亚等国家在首都设立中央档案行政管理中心，即国家档案局，负责全国公共档案馆和公共档案事业建设，指导和监督中央、地方国家档案馆工作，但又尊重地方档案机构的自治权。

## 3.瑞典式

瑞典、芬兰、挪威、丹麦等国家不单设档案行政管理部门，所设立的国家档案馆具有档案保管机构和档案行政管理部门的双重职能，国家档案馆同地方档案馆之间，形成有隶属关系的档案馆网络。

实践证明，集中式档案管理体制具有以下五个方面的优越性：

第一，能够保证档案法规在全国范围内贯彻执行。

第二，可以使各个档案机构之间较容易地建立起横向的业务联系或协作关系。

第三，可以使各个档案馆避免馆藏重复档案，从而保证馆藏档案的质量。

第四，有利于保护档案财富和更加充分有效地开发利用档案信息资源。

第五，有利于有领导、有计划地实现档案的现代化管理。

应当指出，无论是分散式还是集中式的各类档案机构，都是继承各国相应的历史传统，适应各自的国家政治、经济和档案工作、档案事业发展需要的必然产物。从总体上说，虽然两种管理体制各有千秋，但从某种角度来说，集中式比分散式更利于档案工作的管理、档案事业的发展。当然，各国究竟适合采用何种管理体制，应当从各国的国情出发，选择比较合适的档案管理体制。

我国现行的档案工作管理体制是由档案行政管理部门、档案馆和档案室等构成的。档案行政管理部门是党和国家监督、指导和检查档案工作的管理机关，按照"统一领导、分级管理"的原则，对全国档案事业进行专业管理。档案馆是党和国家集中管理档案的科学文化事业单位，是永久保存档案的基地。档案室是各单位集中统一管理本单位档案的内部机构，是为本单位各项工作提供服务的部门。如今，我国构成了以档案局为领导，以档案馆为主体，以档案室为基础，以档案法治建设为手段，以档案教育为后备，以档案科研为先导，以档案宣传为环境建设力量的档案事业体系。[①]

---

①张端，刘璐璐，杨阳：《新编档案管理实务》，电子科技大学出版社，2017。

# 第二章　档案的收集与整理工作

## 第一节　档案收集工作概述

### 一、档案收集工作的概念和内容

档案收集工作是指按照国家有关规定、制度和方法，将分散在各单位或各单位内部机构和个人手中的档案以及散失在国内外的档案，有计划地分别集中到有关档案室和各级各类档案馆，实行集中统一管理。

档案收集工作的内容主要包括三个方面：对本单位需要归档文件的接收；对各现行机关和已撤销机关具有长久保存价值的档案进行集中接收；对历史档案的接收和征集。

档案收集工作的内容，还可以分为两个部分，即档案室的档案收集工作和档案馆的档案收集工作。档案室的收集工作主要是指档案室对本单位需要归档的文件材料的接收。

### 二、档案收集工作的意义

档案收集工作是整个档案管理工作的首要环节。相关人员做好档案收集工作，才能将分散的档案文件集中到档案保管机构，为档案的集中管理以及利用奠定基础。档案收集工作的质量直接影响后续的档案管理工作，如果档案收集不够完整系统，就会影响档案的整理、鉴定、保管及统计工作的质量和效率，造成无效劳动，最终，难以为社会各界提供有效的服务。因此，档案收集工作作为整个档案管理工作的第一个环节，具有至关重要的作用。做不好档案收集工作，就难有完整的档案，也难以做好档案管理工作。

# 三、档案室的收集工作

## （一）档案室档案的收集范围

机关、企事业单位档案室档案的收集范围主要包括：本单位工作活动中形成的各种门类的档案，这是档案室收集档案的主要来源；与本单位业务工作有关的资料；代管与本单位有关的撤销或合并机构的档案等。

## （二）归档制度

### 1.建立健全归档制度的必要性

各单位在工作活动中产生的文件材料办理完毕后，不得由承办部门或个人分散保存，必须由文书部门或业务部门系统整理，定期移交给本单位档案室集中管理，即归档。在我国，归档是党和国家明文规定的一项制度，并且以法律的形式固定下来，这就是通常所说的归档制度。归档制度是档案室收集工作的重要内容和基础工作，建立健全归档制度能够确保档案室档案来源的连续性，为国家积累档案财富提供重要保证。

### 2.归档制度的内容

归档制度包括归档范围、归档时间、归档要求和归档手续等内容。

（1）归档范围

归档范围是指一个单位产生的所有文件中需要归档的部分。根据有关规定，凡是反映本单位工作活动、具有查考利用价值的各种形式和载体的文件材料均属归档范围。

（2）归档时间

归档时间是指文书处理部门或业务部门将需要归档的文件材料向档案室移交的时间。《机关档案管理规定》第三十五条规定："机关档案经文书或业务部门整理完毕后，应当在第二年6月底前向机关档案部门归档；采用办公自动化或其他业务系统的，应当随办随归。归档时间有特殊规定的，从其规定。"

（3）归档要求

归档要求具体有以下几个方面：

第一，归档的文件要齐全、完整，即归档文件材料应做到种类齐全、份数完整，每份文件不缺张少页。

第二，归档文件要系统条理，归档文件材料要按不同特征结合不同保管期限进行整理，组成一个具有内在联系、能够反映单位活动的基本面貌，便于保管和利用的保管单位。保管单位可以是单份文件，也可以是案卷。

第三，归档文件要进行基本的编目，要依次编定页号或件号。以卷为单位，则需逐件填写卷内文件目录和卷末备考表。案卷装订后，按规定逐项准确填写案卷封面，并对案卷进行排序，编制案卷移交目录。

（4）归档手续

归档手续是指文书部门或业务部门在向档案室移交档案时应履行的手续。档案交接双方应当根据档案移交目录清点核对，确认无误后，方可履行签字手续。移交目录一般一式两份，交接双方各存一份。

## （三）平时收集工作

平时收集是指档案室在执行归档制度之外对零散文件的收集。

1. "账外"文件的收集

"账外"文件是指未经单位文书部门登记入账，在收、发文登记簿上无"账"可查的文件。"账外"文件主要有：本单位召开的各种会议文件材料；本单位领导人和业务人员外出开会或参观学习考察等活动中获取的文件材料；外单位直接寄发给领导人"亲启"的文件或直接给部门和有关人员的文件材料；本单位内部各种规章制度、统计数字材料等。

### 2.专业文件的收集

专业文件是指在各项专业活动中形成的文件和特殊载体的文件材料。档案室在重视对文书档案、科技档案收集的同时，还应重视对各种专业文件的收集；在重视对纸质文件收集的同时，还应健全归档制度，重视对音像等其他载体文件的收集，确保档案室保存的文件门类齐全。

### 3.零散文件的收集

零散文件的形成原因主要有两个方面：一是某些单位归档制度未建立或归档制度执行不严，致使文件材料分散保存在内部机构、领导人或业务人员手中，特别是未经收发室登记的文件和某些内部文件；二是机构调整、人员变动或发生搬迁、灾害等特殊情形，使归档文件不齐全、不完整。

## 四、档案馆的收集工作

### （一）档案馆档案的收集范围

档案馆档案的来源主要有：接收现行单位的档案；接收撤销单位的档案；征集社会散存的档案。必要时，档案馆之间还要开展交换档案的活动。

#### 1.各级综合档案馆档案收集范围

第一，依法接收本级各民主党派机关，工会、共青团、妇联等人民团体，国有企业以及事业单位等组织机构的档案。

第二，可全部或部分接收以上机构的下属单位和临时机构的档案。

第三，乡镇机构形成的档案列入县级综合档案馆接收范围。

第四，中华人民共和国成立前本行政区内各个历史时期政权机构、社会组织、著名人物的档案。

第五，本行政区内重大活动、重要事件形成的档案，涉及民生的专业档案。

第六，经协商同意，综合档案馆可以收集或代存本行政区内社会组织、集体和民营企事业单位、基层群众自治组织、家庭和个人形成的对国家和社会有利用价值的档案，也可以通过接受捐赠、购买等形式获取。

### 2.各级部门档案馆档案收集范围

各级部门档案馆，收集本部门及其直属单位形成的档案，但其中履行行政管理职能的档案，要按有关规定定期向综合档案馆移交。

### 3.各级专门档案馆档案收集范围

各级专门档案馆，收集本行政区内某一专门领域或特定载体形态的专门档案或档案副本。

### 4.国有企业、事业单位设立的档案馆档案收集范围

国有企业、事业单位设立的档案馆，收集本单位及其所属机构形成的档案。国有企业发生破产、转制，事业单位发生撤销等情况，其档案可按照有关规定由本级综合档案馆接收。

## （二）档案馆档案的收集方式

一般而言，档案馆对档案的收集方式主要有两种：逐年接收和定期接收。逐年接收即每年接收一次档案，定期接收就是每隔一定时期（3 年、5 年）接收一次。

但是，档案馆对科技档案的收集方式有所不同，实行相关单位主送制和科技档案补送制。

### 1.相关单位主送制

对于普通文书档案而言，应按要求将其中具有永久和长期保存价值的所有档案都移交进馆。科技档案则不采取这种普遍接收进馆的制度，而是实行相关单位主送制，即对不同种类及不同项目的科技档案，按照国家有关规定，分别

确定报送单位，主送单位报送档案中的不足部分由其他有关单位补充移交。

2.科技档案补送制

建立补送制的目的，是及时反映进馆档案所涉及的科技、生产项目的发展、变化情况，保持馆藏科技档案的完整性和准确性。例如，进馆档案所反映的基建项目进行重大改建、扩建，产品改型、换代等，原移交单位要向档案馆补送相关的科技档案。

近年来，随着政治、经济、文化等组织机构和体制的改革，以及行政区划变动等原因，不少机构发生了变动。一旦机关、国有企事业单位撤销或发生变动，各档案部门就应按照相关规定对档案做好妥善处理。

# 第二节　档案整理工作概述

## 一、档案整理工作的概念和分类

档案整理工作，是指按照一定的原则对档案实体进行分类、组合、排列与编目，使之系统化的过程。

档案整理工作从性质上可分为系统化和编目两个部分，具体包括：区分全宗、全宗内档案分类、类内文件组合、案卷排列与编目。

## 二、档案整理工作的程序

### （一）系统排列和编目

在正常情况下，档案室接收的是文书部门和业务部门按照归档要求组合好的文件材料，而档案馆接收的是各个单位档案室按照进馆规范系统整理的档案。因此，对于档案室和档案馆来讲，档案整理工作只是在更大范围内对接收进来的档案做进一步调整。

### （二）局部调整

档案馆（室）在日常管理工作中，要定期对所藏档案进行检查，发现明显不符合要求、确实影响保管和利用的档案，档案馆（室）有责任对不合理的整理状况进行局部调整。

### （三）全过程整理

由于种种原因，某些档案没有经过系统的整理，处于零乱状态，这时，档案馆（室）就必须进行从全宗划分、组合、排列和编目的全过程整理。

## 三、档案整理工作的原则

档案整理工作一般遵循以下原则：

### （一）尊重和维护档案的本质特性，保持档案文件之间的联系

在档案整理工作中，要想建立档案实体秩序，必须尊重和维护档案的本质特性，保持档案文件之间的固有联系，使这种联系体现于实体秩序之中。档案

的本质特性是原始记录性，这种特性是在档案形成时就已形成的，并非事后人们附加上去的。只有保证了这些特性，档案的凭证和参考价值才会得到保证和实现。档案的原始记录性蕴含于档案的来源、时间、内容和形式等的联系中，因此要保证档案文件的特性，就应该保持这些联系。档案在来源、时间、内容和形式上的联系，一般又称为"历史联系"，亦可称"内在联系"或"有机联系"，它是指档案文件在形成和处理过程中所形成的固有联系。档案的历史联系对于档案的产生、处理及作用价值的实现具有决定性的意义，它足以真实反映、再现档案产生、处理并发挥作用、价值的过程、状态和规律。

**1.来源方面**

档案在来源上的联系包括档案文件在形成机关及其内部组织机构上的联系，主要有两层含义。

其一，从档案整理的步骤来看，档案整理必须首先将同属一个独立单位的档案集中起来，不得分散；不同单位形成的档案，要按来源严格区分清楚，不得彼此混淆，这就是"区分全宗"。档案文件在来源上的联系，是首要联系，只有在保持这一联系的前提下，文件的时间、内容和形式等方面的联系，才能更好地反映工作活动的面貌。如果舍去这一联系，而去追求其他方面的联系，那将是不科学的。

其二，从全宗内档案分类的过程来看，档案文件在来源上的联系，表现为档案文件在机关各内部组织机构上的联系。保持文件在组织机构上的联系，能够较好地反映机关内部工作活动情况，便于档案的分类、排列，使档案整理工作能够比较顺利地进行。

**2.时间方面**

所有活动都有一定的过程和阶段。在档案整理工作中，应将在时间上具有联系的文件集中在一起，以便利用者能根据活动时间查找到所需的档案。

档案在时间上的联系，要求按照档案文件的形成年、月和日等来对档案进行分类、排列。在一般情况下，以年为单位进行档案分类、排列的多一些。

### 3.内容方面

内容一般是指档案文件所涉及的问题或事务。解决同一问题、处理同一事务所形成的档案文件之间必然具有不可分割的联系。在档案整理中，应该保持这些同一问题或事务间的联系，在具体对档案进行分类、排列时，可将具有共同特征的档案文件集中在一起，不得将其分散或在其间又插入一些其他文件。

### 4.形式方面

档案的形式是指文种形式、载体形式等。例如，请示与批复，会计档案中的凭证、账簿与报告等，既能体现不同的作用，又能反映一定的工作关系与程序。在档案整理工作中，应该将形式上相同的档案文件集中在一起，以利于将来查找利用。

保持文件之间的内在联系，必须把文件放在当时的历史背景下去考虑，分析它们之间原有的联系。要善于根据文件的不同情况，找出文件之间的紧密联系，并在保持来源联系的前提下，善于将其他各种联系紧密结合起来，使档案的整理达到最佳状态。

保持文件之间的历史联系是有一定条件的，当它与档案保管和利用的实际效果不一致时，应该根据档案保管和利用的要求做出相应调整。因为保持文件的历史联系仅仅是一种手段，而不是目的，不能为联系而联系，而应该从实际效果出发，最大限度地保持文件之间的历史联系。因此，保持文件的历史联系是相对的，而不是绝对的。

## （二）充分尊重和利用原有基础

所谓尊重和利用原有基础，是指在整理档案文件时应尊重和利用前人整理的工作基础和档案文件形成时的自然基础，而不是轻易、随便地拆散原有体系去整理档案。

对需要进一步条理化的档案，如果前面整理的质量不高，那么需要进行调整或重新整理。这时，不要轻易地全盘否定前面的工作，全部推翻重来，而是应该充分尊重和利用原有工作基础，进行适当的调整或补充，使之达到"有目可查，有规可循"。

在整理工作实践中应用充分尊重和利用原有基础的原则，应注意以下三种情况：

第一，在原有整理结果可用的情况下，基本维持其原有秩序状态。

第二，若原有整理结果中某些内容不合理、不可用，则可在原有基础框架内进行局部调整。

第三，若原有基础确实很混乱，无法有效管理时，则可重新整理。重新整理时，应尽可能保留或利用其原有基础上的可利用之处。尤其要注意的是，那些保管期限已满的或快满的档案就不必重新整理了。

### （三）便于保管和利用

总的说来，恰当地保持文件之间的历史联系，便于档案的保管和利用。例如，同一时间、内容的文件，需要按不同价值分别排列，这就既便于相关人员管理档案，又能充分发挥重要价值档案的作用；但当同一时间、内容的文件数量不多时，就不一定非要按不同价值进行组合。笔者认为，如果保持文件之间的某种联系后，不便于档案的保管和利用，则应以适应档案保管和利用的需要为标准去进行档案的整理。在保管与利用之间发生矛盾时，应优先保证档案的利用。

保持文件之间的历史联系是档案整理工作的基本要求，充分利用原有基础是在具体整理档案时应遵循的基本原则，便于档案的保管和利用是档案整理完毕之后检验该工作成功与否的标准，这三点就构成了档案整理工作的原则与要求，使档案整理工作成为一个独立的档案工作环节。[①]

---

①卢爽，时文清，王军朋，等：《文书与档案管理》，北京理工大学出版社，2015。

# 四、档案整理工作的意义

档案整理工作是档案管理基础工作的主要环节，对于档案管理工作的其他各个环节都有直接影响。因此，档案整理工作的意义主要表现在以下几方面：

## （一）档案整理工作是档案信息化建设的基础

档案整理工作，基本上包括两个方面：一方面是对纸质档案进行系统的分类、划分保管期限、组卷、排列、编号、编目等，这就为通过手工录入、直接扫描、缩微胶片转换等手段实现案卷级或文件级目录的数字化和档案全文数字化打下了基础；另一方面是将收集积累的电子文件进行分类、排序、组合直至建立数据库，这也为建立目录数据库、全文数据库以及文档数据库创造了前提条件。如果档案未经整理，每份文件没有固定的位置与编号，没有系统的目录，那么要想建立统一的文档数据库、实现案卷级或文件级目录数字化和档案全文数字化是有较大难度的。

## （二）档案整理工作是档案可供利用的前提

利用档案时要求能够及时准确地调出档案文件，而未经系统整理与编目的档案，查找起来好比大海捞针，十分困难。如果档案经过系统整理、编目、排列、上架，那么档案管理人员需要利用什么档案，就能及时找到。所以说，档案整理工作是档案可供利用的前提。

# 第三章 档案的保管、安全与防护

## 第一节 档案的保管

### 一、档案保管的任务

#### （一）建立和维护档案的存放秩序

为了使档案入库、移出、存放井然有序，能够迅速地查找档案，并随时掌握档案实体的状况，档案馆（室）要根据档案的来源、载体等情况，建立一套档案入库存放的规则和管理办法，使档案不管是在存放位置上还是在调阅移动中都能够处于一种受控的状态。

#### （二）保持和维护档案实体良好的理化状态

档案实体是以物质的形态存在和运动的，而各种环境因素，如温湿度、光线、有害气体、灰尘、生物及微生物等，会对档案的载体、字迹材料等造成不良影响，不利于档案的长久保存。为此，在档案的保管工作中，就需要了解和掌握不利于档案长久保存的各种环境因素及规律，采取有效措施，最大限度地降低、消除它们对档案的影响，使档案实体保持良好的理化状态，以延长档案的寿命。

# 二、档案保管的基本物质条件

要想搞好档案的保管工作，必须有一定的物质条件。档案保管的基本物质条件主要有档案库房、档案装具和档案包装材料。

## （一）档案库房

档案库房是保存档案的重要基地，是档案保管的基本物质条件。库房管理是档案保管工作的重要内容。只有做好档案库房的管理工作，才能切实保证档案的安全，为整个档案工作的开展创造必要的条件。

### 1.档案库房的建设

《档案馆工作通则》指出："档案馆是党和国家的科学文化事业机构，是永久保管档案的基地，是科学研究和各方面工作利用档案史料的中心。""档案馆的基本任务是在维护党和国家历史真实面貌的前提下，集中统一地管理党和国家的档案及有关资料，维护档案的完整与安全，积极提供利用，为社会主义现代化建设服务。"与档案馆一样，档案库房的建筑必须按照中华人民共和国住房和城乡建设部、国家档案局颁发的《档案馆建筑设计规范》（JGJ 25—2010）等建设，遵循"适用、经济、美观"的原则，使建筑设计符合功能、安全、卫生等方面的基本要求。

档案库房在建设时，应注意以下几点：

第一，远离存放易燃、易爆物的场所，不靠近有污染、能产生腐蚀性气体的企业单位，并避免架空高压输电线穿过，尽可能避开临街和邻近公共场所的位置。

第二，在楼层安排方面，应尽量避免"顶天立地"，即尽量不用底层和最高层。最高层因为受阳光辐射的影响，夏天温度较高，而且存在屋顶漏雨的威胁；最底层不仅安全问题较难解决，而且湿度较大，不利于档案的保管。此外，档案库房不宜设在办公楼西侧和南侧，以防高温和阳光直射。

第三，在设计上，档案库房最好集中布局，自成一区；库房区内不应设置其他用房，库区内地面应高于库区外地面，以防溢水流入库内；屋顶防护结构应符合保温、隔热和防水的要求；门窗应保温、隔热并有密封装置。

第四，档案库房所在地要交通方便，且城市公用设施完备，便于为利用者服务。

第五，档案库房必须与档案人员的办公区域和生活区域分开，并对门窗予以加固，增强密闭性能；电源要能单独控制，使其尽量达到防盗、防火、防水、防光、防尘、防有害气体等的要求。

### 2.档案库房的类型

档案库房按其保管内容，一般划分为综合档案库房、专门档案库房和图书资料库房三种。

（1）综合档案库房

综合档案库房是档案库房的主体部分，主要用于保存中华人民共和国成立前后各机关单位及著名人物所形成的档案。在馆藏档案数量较多的档案馆，还可以实行分库管理，如设立中华人民共和国成立前旧政权档案库、革命历史档案库、中华人民共和国成立后党政机关档案库等。

（2）专门档案库房

专门档案库房主要是为了适应专门档案的特点以及管理上的特殊要求，根据其制成材料的特点而设立的档案库，如照片、影片、缩微胶片档案库，录音、录像磁带档案库。专门档案库与综合档案库在内容与形式上都有较为明确的界限，有相对的独立性，尤其是制成材料比较特殊的档案库（胶片、磁带），有着特殊的管理要求，不能与一般档案库相提并论。

（3）图书资料库房

档案馆（室）所设立的专门保存与档案有关的图书、资料的库房，称为图书资料库房。图书资料的保管条件，可根据档案馆（室）的财力状况而定。有条件的档案馆（室）都应设置图书资料库房，以保存各类资料；财力较差的档案馆（室），对图书资料库房的保管条件可适当降低一些。档案库房为楼房的，图书资料库房一般设在底层或顶层。

### 3.档案库房的编号

为了便于档案库房的管理,应将每个档案库房进行统一编号。

对于档案库房的编号,主要有两种方法:一是把所有的库房统一编顺序号;二是根据库房方位和特征进行编号。

同一库房内每个房间也要编号。楼房应自下而上地编层号,每层应从入口开始,从左向右编房间号。

## (二)档案装具

档案装具,是指存放档案的橱、柜和架等的设备,它是档案馆(室)必须具备的基本物质条件。

### 1.档案装具的种类

常用的档案装具包括档案柜、档案密集架和档案资料架等;专用档案装具包括防磁橱、底图柜、会计档案橱和照片档案橱等。档案馆(室)应根据自己的实际情况,选择不同的档案装具。

### 2.档案装具的排放与编号

档案装具的排放,应符合以下要求:

第一,在同一库房内,装具应整齐划一。

第二,有窗库房装具的排列,应与窗户垂直排放,以免阳光直射,便于通风。

第三,档案装具一般不能紧靠库房墙壁排列。

第四,档案橱具的排列距离要适宜,要便于档案的搬运和存取。

档案装具的编号,一般以库房为单位编流水号。

编号方法为:自门口起从左至右(回行时从右至左)、自上至下逐个编定顺序号。

### （三）档案包装材料

目前，我国包装档案的材料为卷皮、卷盒和包装纸三种，要求符合国家的有关规定，利于档案永久、长期地保管。

#### 1.卷皮

卷皮是包装档案的基本材料。它既可以保护档案文件，减少其机械磨损，同时又是案卷的封面。《文书档案案卷格式》（GB/T 9705—2008）规定："文书档案案卷卷皮分两种，一种是硬卷皮，一种是软卷皮。"关于"硬卷皮外形尺寸"，《文书档案案卷格式》规定："封面尺寸规格采用 310 mm×220 mm。封底尺寸同封面尺寸。封底三边（上、下、翻口处）要另有 70 mm 宽的折叠纸舌。卷脊可根据需要分别设 10 mm、15 mm、20 mm 三种厚度。用于成卷装订的卷皮，上、下侧装订处要各有 20 mm 宽的装订纸舌。"关于"软卷皮格式"，《文书档案案卷格式》规定："使用软卷皮装订的案卷，必须装入卷盒内保存。""软卷皮设封皮和封底，其封皮和封底采用长宽为 297 mm×210 mm 的规格。"

#### 2.卷盒

采用卷盒保管档案，是一种比较理想的方法，因为它能够防光、防尘，减少磨损，便于利用，而且外形整齐美观，但占用空间多，且制作费用较高。关于"卷盒规格"，《文书档案案卷格式》规定："采用 310 mm×220 mm（长×宽），其厚度可根据需要分别设置 30 mm、40 mm 或 50 mm 的规格。在盒盖翻口处中部要设置绳带，使盒盖能紧扣住卷盒。""卷盒封面为空白面。卷脊项目包括全宗名称、目录号、年度、起止卷号。其中起止卷号填写××—××卷，其余项目的填写方法同硬卷皮格式。"

#### 3.包装纸

对于一些不经常使用或既不适于装订又不便于盒装的实物档案、资料等，可以用较为结实的纸张包装起来，待条件成熟后，再采取措施妥善保存起来。应当指出的是，这只是保存特殊档案的应急措施。

非纸质材料的光盘、软盘的保护层是决定寿命的关键。为保持光盘的耐久性，应注意环境对保护层的影响，光盘使用后应随时放入片盒中。

# 第二节　档案的安全与防护

在档案的安全与防护中，档案库房的安全与防护是其重要内容。档案库房内部的环境因素不是孤立存在的，始终受外界环境的影响。为了保证档案实体的安全，可根据本单位档案库房的具体情况，采取适当的措施，将库房的环境控制在一定范围内，最大限度地避免外界不良因素对档案实体的影响，从而保证档案实体良好的理化状态。关于档案库房的安全与防护，我们应重视以下几方面内容。

## 一、人员的进出库制度

档案库房是保存档案的重要场所，因此必须对进出库房的人员及其进出的方式、时间、要求等进行必要的限制，并做出专门的规定。

在一般情况下，档案库房只允许档案工作人员进入，非档案工作人员原则上不允许进入档案库房。如果工作确实需要非档案工作人员进入库房，如维修库房或设备等，则必须有档案工作人员全程陪同。

档案工作人员进出库房也必须遵守规定。例如：非工作时间内一般不允许进入库房；在库房内不允许从事与库房管理工作无关的活动；不允许携带食物进入库房；不允许在库房内吸烟、喝水、吃东西；库房内无人时必须关灯、关窗、锁上库房门等。

# 二、库房温湿度的控制

档案库房内的温湿度是直接影响档案自然寿命的因素，保存纸质档案的库房温度应控制在 14 ℃～20 ℃，相对湿度应在 50%～65%。为了准确掌握库房温湿度的情况，应在库房内配置精确、可靠的温湿度测量仪器，随时测量并记录库房温湿度的具体指标状况。针对不同的库房条件，控制和调节温湿度的方法主要有下述两种：

## （一）库房密闭

对档案库房进行严格密闭，能够较好地隔绝库房内外温湿度的相互交流。如果在档案库房内安装恒温、恒湿设备，则可以将库房内的温湿度人为地控制在适宜范围内。这种方法所需费用较高，因此并非所有的档案馆（室）都有能力做到。

## （二）机械或自然的调控

有些难以做到密闭库房又无力承担配置恒温、恒湿设备费用的档案馆（室），可以采用如下一些措施对库房的温湿度进行调控：

第一，在档案库房的门窗上加密封条，可减少库房内外温湿度的相互交流，并有防尘作用。

第二，当库房外的温湿度适宜而库房内的温湿度较高时，可以利用库房内外温湿度的差别，采用打开门窗或排风扇、换气扇等方法进行通风，用库房外的自然温湿度来调节库房内的温湿度。采用这种方法，需要把握好库房内外温湿度的差异，以及通风的时机、具体时间、过程的长短和强度等。

第三，采用一些更为简便的人工方法来调节库房的温湿度。例如：在库房地面洒水，放置水盆、湿草垫，挂湿纱布等，以适当增湿；在库房中或档案装具内放置木炭、生石灰、氯化钙、硅胶等物质，以适当降湿。但是，这些方法的效果有限。

上述这些方法虽然达不到库房密闭时的效果，但如果措施运用得当，则也可以在一定程度上控制库房的温湿度。

# 三、档案库房的防护措施

档案库房的防护措施，主要有"八防"，即防火、防水、防潮、防霉、防虫、防光、防尘、防盗。

## （一）防火

我们在选择档案库房装具、照明灯具及其他电器时，要注重其材质、性能，从而提高安全性；在各种器材的安装方面必须按照规范执行，保证线路的安全。档案库房中必须按照消防规定配备性能良好、数量充足的消防器材；在条件允许的情况下，应安装防火（烟雾）报警器和自动灭火装置。

## （二）防水

档案库房不能设置在地势低洼处；库房内及附近不能有水源；库房选址应远离易发洪水的地点。

## （三）防潮

防潮与库房温湿度的控制特别是湿度的控制密切相关。库房防潮的措施有：采用密闭隔热技术，安装通风、降湿、空气调节设备，采取通风、换气、除湿和降湿措施等。

## （四）防霉

防霉主要指预防或抑制以霉菌为主的微生物在档案库房内的生长、发育和繁殖及其对档案实体的破坏。环境中微生物的数量与人和动物的密度、植物的种类和数量、馆舍的建筑材料、温湿度、日照、气流等因素有关。库房防霉的方法主要有以下几点：

第一，及时清扫库房、装具、设备、档案中的灰尘，定期清除库房内的垃圾，包括待销毁的档案，维持库房内的清洁卫生。

第二，对库房的进出口、通风口等主要空气通道采用过滤措施，以净化入库空气。

第三，严格控制库房的温湿度。

第四，在档案实体和装具上放置无色、高效、性能稳定的防霉药品，以抑制有害微生物的生长。此外，还要定期对档案进行检查。

## （五）防虫

库房防虫的关键是创造并维持一个既不利于害虫生长又不损害档案的环境。库房防虫的具体措施主要有以下几点：

第一，档案库房在选址、建造时，应注意远离粮仓、货仓、食堂等场所；地基采用钢筋水泥或石质结构；提高门窗密封性；地板、墙面、屋顶等处不能有缝隙。

第二，搞好库房内外的清洁卫生；做好档案入库前的检疫工作，防止将档案害虫带入库房；发现疫情时，应立刻进行熏蒸消毒处理；定期对档案进行检查。

第三，在档案库房及各种档案装具内放置驱虫药物。

## （六）防光

光线对档案实体有破坏作用，特别是紫外线，其破坏作用更大。因此，档案库房要注意防止和减少光线对档案的危害，重点是防紫外线。具体措施如下：

第一，档案库房应尽可能全封闭，即无窗；如果设置窗户也应尽量小一些。如果库房为有窗建筑，可以采用安装遮阳板、滤光玻璃或窗帘的方法，减少光线的透过量，降低紫外线的危害。

第二，档案库房内宜使用含紫外线少的人工光源。档案库房内使用人工光源时，以白炽灯为好，不宜使用日光灯。保管档案期间，除整理、检查、使用外，应尽量做到避光保存。

第三，尽量减少档案使用过程中受光照射的时间和光辐射的强度。在档案受潮、霉变、生虫的情况下，不要将档案放在阳光下直接暴晒，要置于通风处晾干。

## （七）防尘

灰尘会对档案造成各种污染，是危害档案的隐性因素。预防灰尘的具体措施有：

第一，库房的选址应尽量避开工业区或人口稠密的地区；提高库房的密闭程度；库房建筑要选择坚硬、光滑、易于清洗的材料作为墙面、地面，防止库房内表面起尘；采用空气净化装置，过滤和净化空气等。

第二，档案入库之前要进行除尘处理；日常管理工作中要注重档案库房、装具和档案本身的除尘。

## （八）防盗

相关人员进出库房时，要随时锁门。此外，档案库房要装防盗报警装置。

## 四、定期检查、清点工作

定期检查、清点是档案库房管理的一项制度化措施。定期检查的重点在于档案实体的理化状态，以查看档案是否发生霉变、虫蛀等迹象，库房中是否存在危害档案的潜在隐患，档案的调出和归还是否严格履行了手续，档案实体存放秩序是否出现了错乱，是否存在长期使用尚未归还的案卷等。定期检查、清点的目的是及时纠正档案库房管理中的漏洞，保持档案实体的安全和严整有序。尤其在档案馆（室）搬迁或大规模的档案提供利用工作之后，检查、清点工作更是很有必要的。

在一般情况下，档案馆（室）以月、季度等为周期进行定期检查；定期清点的周期可以比定期检查的周期长一些。但若档案发生大规模变化，则相关人员应及时清点档案。

## 五、档案应急抢救措施

档案应急抢救措施是单位为了保证档案在突发人为或自然灾害事故时获得及时救护，最大限度地避免损失而编制的预案及所做的准备工作。尽管现在许多单位已经具备了现代化的档案管理条件，但是仍然需要在强化安全意识和管理措施的前提下，做好应急准备，确保各类档案，特别是重要档案的安全防护工作顺利进行。

《档案工作突发事件应急处置管理办法》指出："突发事件应急处置工作应贯彻统一领导、分级负责、及时反应、果断决策、合作互助的原则。""各级档案行政管理部门、各级国家档案馆、中央和国家机关档案部门应建立严格的突发事件防范和应急处置责任制，制定相关工作预案，切实履行各自职责，保证突发事件应急处置工作有序进行。"

笔者认为，档案应急抢救措施主要包括以下几点：

### （一）编制档案应急抢救预案

各单位应针对可能发生的灾害，如水灾、火险、塌方、盗窃等编制突发事件应急抢救预案。此外，各单位还应对档案进行抢救分级，以便在非常紧急的情况下保证单位永久保存档案的完整、安全。

《档案工作突发事件应急处置管理办法》指出："突发事件应急处置预案应包括以下内容：（一）编制和实施预案的有关危机情况和背景；（二）应急处置工作的目标、要求和具体措施；（三）应急指挥机构的建立及其人员组成，应急处置工作队伍的数量、分工、联络方式、职能及调用方案；（四）有关协调机构、咨询机构以及能够提供援助的机构、人员及其联系方式；（五）抢救档案的顺序及其具体位置，库房常用及备用钥匙、重要检索工具的位置和管理人员；（六）档案库房所在建筑供水、供电开关及档案库区、重点部位的位置等；（七）向当地党委和政府、有关主管机关和上级档案行政管理部门报告的联系方式；（八）其他预防突发事件、救灾应注意事项。"

### （二）落实档案应急抢救预案的各项要求

各单位应在组织、人员、设备、环境等方面提供切实的保障，落实预案的各项措施，使之在突发灾害性事件时，有效地发挥阻挡灾害蔓延，保护档案安全的作用。此外，必须通过宣传、培训、模拟演习等方式，强化相关人员的安全防范意识，并使相关人员掌握紧急情况发生时的应对方法，保证预案的可行性和有效性。

《档案工作突发事件应急处置管理办法》指出："各级档案行政管理部门、各级国家档案馆、中央和国家机关档案部门应依照法律、行政法规的规定，做好档案安全保管工作，防范突发事件的发生。应定期对突发事件应急处置人员进行相关知识的培训，组织救灾演练和对所属防灾、救灾设备设施进行检查；对本单位全体工作人员开展突发事件应急知识教育，增强对档案工作突发事件的防范意识和应对能力。"

# 第四章　档案的检索与应用

## 第一节　档案检索的途径和效率

### 一、档案检索的途径

档案检索途径是指可以作为档案检索系统入口进行检索的角度。档案检索途径在档案检索工具中是以检索标识的形式表现出来的。档案检索的途径可分为形式检索途径和内容检索途径两大类。

（一）形式检索途径

形式检索途径是以档案的形式特征作为检索入口的检索途径。笔者认为，形式检索途径具体可分为责任者途径、文件编号途径、人名途径、地名途径和机构名途径。

1.责任者途径

责任者即档案的形成者，包括机关和个人等。同一责任者形成的档案，在内容上反映某一特定职能活动，具有一定阶段性，在内容和时间上互有联系。在已知档案的责任者和档案大致形成时间的情况下，责任者途径是比较方便的检索途径。在一般情况下，通过责任者途径可以检索到同一责任者形成的全部档案。

**2.文件编号途径**

文件编号（如文书档案中的发文字号等）是一份特定文件固有的并具有唯一性的特征信息。在已知一份文件编号的情况下，采用文件编号途径检索档案是最为简便的。

**3.人名途径**

人名途径是从档案中涉及的人物入手检索档案信息的一种检索途径。人名途径对于检索有关某一特定人物的档案材料比较方便。

**4.地名途径**

地名途径是从档案中所涉及的地名入手检索档案信息的一种检索途径。地名途径对于检索有关某一特定地区的档案材料比较方便。

**5.机构名途径**

机构名途径是从档案中所涉及的机构入手检索档案信息的一种检索途径。机构名途径对于检索有关某一特定机构的档案材料比较方便。

## （二）内容检索途径

内容检索途径是用直接表达档案主题内容的档案特征信息作为检索入口的检索途径。内容检索途径具体可分为分类途径、主题途径和专题途径。

**1.分类途径**

分类途径即将档案分类号作为查找入口检索档案信息的一种检索途径。从分类途径入手，可以系统、全面地查到相关档案材料，这是档案检索中最重要的途径。

**2.主题途径**

主题即档案所阐述的中心问题。主题途径是指从档案主题词或关键词入手检索档案信息的一种检索途径。从主题途径入手，可以直接查找到涉及某一问题、某一对象和某一事物的档案材料。主题途径也是档案检索中的一种重要途径。

### 3.专题途径

专题途径即从某一专题入手检索档案信息的一种检索途径。

提供内容检索途径的档案检索工具还有案卷目录、案卷文件目录和全宗文件目录等。

以上两类检索途径都是十分有价值的。形式检索途径可以通过已知的档案形式特征获得明确的检索结果，内容检索途径则可根据使用需要，从主题内容出发对档案进行检索。比较而言，形式检索途径的特点是可以迅速、准确地检索到特定档案，但前提是必须预先掌握档案确切的形式特征，否则就无法进行，而且很难在此基础上扩大检索范围。而使用内容检索途径时，则不必事先了解档案相应的形式特征，不仅可以根据使用需要直接检索特定主题内容的档案，而且可以通过档案检索系统中主题内容之间的联系，扩大或缩小检索范围，进行相关档案的检索，但在检索确定的对象时，不如形式检索途径直接和准确。综上可知，形式检索途径和内容检索途径是互补的。

## 二、档案检索的效率

### （一）档案检索效率的概念

档案检索效率是指在档案检索过程中满足利用者的全面性和准确性程度，它是衡量档案检索系统性能的一个基本指标。就每一个检索过程而言，理想的检索结果当然是无遗漏、无误差地检索出利用者所需档案，但由于各方面的因素，实际上很少能达到这样的结果。关于档案检索效率，通常采用查全率和查准率两个指标来衡量。

所谓查全率，是指满足利用者要求的全面程度，即根据利用者的需求检出的相关档案占全部相关档案的百分比。与之相对应的是漏检率，即未检出的相关档案占全部相关档案的百分比。查全率和漏检率是两个相对应的指标。

查全率越高，说明检索出的相关档案越多，漏检率越低。查全率表明档案检索系统避免相关档案漏检的能力，是评价档案检索系统效率的一个重要参数。保持较高的查全率是档案检索系统的一个重要目标。

查准率表示档案检索系统排除与检索提问无关档案的能力。提高查准率可以节省利用者分离无关档案所花的时间，对提高档案检索系统的实际使用效果具有重要作用。因此，档案检索系统一般均采取各种措施，保持使用的查准率。在一般情况下，将查全率与查准率结合使用，就可以比较客观地显示档案检索系统的检索效率。

## （二）影响档案检索效率的因素

影响档案检索效率的因素有很多，主要包括以下几个：

### 1.档案检索系统的信息存储率

档案馆（室）只有对所保管的全部档案都编制档案检索工具，存储到档案检索系统中，才能提高档案检索的查全率和查准率。但应当指出的是，受制于人力、物力等各方面因素，不可能对所藏档案都编制档案检索工具，而且任何一种档案检索工具的信息存贮量都是有限的，不可能把全部档案信息都转附在一种档案检索工具之上。要想提高档案检索工具的信息存储率，就要从整个档案检索系统来考虑。档案馆（室）应根据自己的实际情况，编制各种实用的档案检索工具，以达到档案检索工具配套齐全、检索途径多样化的目的。

### 2.档案检索语言的性能

档案检索包括档案信息存贮和档案信息检索两个方面，而这两个方面都离不开档案检索语言。档案检索语言是档案检索系统的语言保障，采用性能好的档案检索语言，可以使档案检索系统具有较高的检索效率。

### 3.档案检索途径的数量

从理论上说，在某一档案存入档案检索系统之后，该系统向利用者提供的检索途径越多，该档案被查到的概率也就越高。如果某一档案在档案检索系统中只向人们提供一条途径，那么人们只有找到这条唯一途径，才有可能获得这一档案。如果有六条检索途径可供查验，那么只要找到其中任一条途径便可获得，这样查全率、查准率自然都会相对提高。就单一的档案检索工具而言，检索途径的多少取决于档案标引的深度。就使用整个档案检索系统而言，除标引深度外，检索途径的多少取决于档案检索工具的种类或数据库内部的数据结构。适当增加检索途径，可以提高系统的查全率，但检索途径过多，也会加重系统的负担，有时还会造成检出档案的相关程度不高，降低查准率。

**4.档案著录与标引的质量**

著录与标引是对档案的特征进行分析、选择、记录，并赋予其检索标识的过程，而检索标识是组织档案检索工具、进行档案检索的依据，因此著录与标引的质量也是影响检索效率的重要因素。

**5.检索策略的优劣**

如果说，档案著录与标引的结果对档案存贮的质量至关重要，那么，检索策略在查找过程中则具有决定性的作用。检索途径选择得是否正确，检索标识之间的逻辑关系表达得是否科学，能否针对需求的变化和检索的误差灵活地调整检索表达式，是实现需求信息与系统内信息集合中相关信息成功匹配的关键。每一个不同的检索策略往往会有不同的检索结果。

# 第二节　档案检索工具

## 一、档案检索工具的种类

档案检索工具是以一定的形式揭示和介绍馆（室）藏，积累档案线索和查询档案材料的手段，进行档案管理和提供利用的工具。按照不同的分类标准，档案检索工具可分为不同的种类。

### （一）按照编制方式划分

**1.目录**

它是将档案的著录条目，按照一定的次序编排而成的检索工具，如分类目录、题名目录等。

**2.索引**

它是将档案中的某一内部或外部特征及其出处按照一定的顺序排列起来的检索工具，如人名索引、地名索引、发文字号索引等。索引与目录的区别在于：目录对档案文件内容和形式特征进行全面系统的著录，著录项目比较完整；而索引是对档案文件中的某一部分特征进行著录，著录项目简单。

**3.指南**

它是以文章叙述的方式，综合介绍档案情况的一种工具，如全宗指南、专题指南、档案馆指南等。它可以作为工具书使用。相对于目录和索引来说，指南的报道性、可读性较强。

### （二）按载体形式分

**1.卡片式检索工具**

它是将条目著录于卡片上，将卡片按一定顺序排列而成的检索工具。卡片式检索工具的优点是具有较大的灵活性，便于增减条目以及调整其顺序。但它也具有一些缺点，如体积大、不便管理、不便传递与交流、成本较高等。

**2.书本式检索工具**

书本式检索工具即将著录条目按顺序排列并装订成册的检索工具。书本式检索工具的优点是体积小，便于管理，便于馆际间情报交流，编排紧凑，成本低廉。书本式检索工具是我国档案界长期以来占主导地位的检索工具。但它缺乏灵活性，不能及时增减条目和调整顺序，不能完整反映馆藏档案，因此受到卡片式检索工具的挑战。

### 3.缩微式检索工具

缩微式检索工具是用缩微摄影方式制作的以胶片为载体的检索工具。缩微式检索工具的主要优点是体积小，节约空间，便于携带和交流，便于长期保存和使用。但它是在书本式或卡片式检索工具的基础上形成的，需借助阅读器或电子计算机阅读查找，且不便增减条目，只适用于永久保存的档案。

### 4.机读式检索工具

机读式检索工具是以磁带、磁盘等为载体的供计算机识别的检索工具。机读式检索工具的优点是存储密度高，检索扫描速度快，可进行多途径检索。

## （三）按内容范围分

### 1.综合性检索工具

综合性检索工具是以一个或若干个档案馆的全部档案或以全宗的档案为检索和介绍对象的检索工具，如全宗文件目录、分类目录、全宗指南、综合性联合目录等。

### 2.专题性检索工具

专题性检索工具是以有关某一专题的档案为对象的检索工具，如专题目录、专题指南、专题性联合目录等。

## （四）按功能分

### 1.馆藏性检索工具

馆藏性检索工具是反映档案实体整理体系及其相互关系的检索工具，如全宗目录、卷内文件目录、案卷目录等。馆藏性检索工具的功能是固定和反映档案整理顺序，可借助它了解、分析馆藏情况，便于按档案整理顺序查找档案。但是，馆藏性检索工具的目录组织方式受档案整理体系的限制，检索途径单一，一般不能超出全宗范围，检索深度较浅。

2.查验性检索工具

查验性检索工具是为档案的某一内容或形式特征提供检索途径的检索工具。查验性检索工具的主要功能特点是不受档案整理顺序的限制，可以打破全宗的界限进行检索。

3.介绍性检索工具

介绍性检索工具是介绍和报道档案内容及其有关情况的检索工具，如专题指南、全宗指南、档案馆指南等。介绍性检索工具的特点是能全面、概括地介绍档案的情况，发挥宣传报道作用，向利用者提供一定的档案线索。但由于介绍性检索工具不记录档案文件的检索标识，不建立排检项目，借助它不能直接获得档案文件，只能算是间接的检索工具。

上述各种类型的检索工具并不是每个档案机构都必须全部配备的，各档案馆（室）应根据本单位档案的特点以及检索的具体要求来确定编制哪些检索工具。此外，要注意检索工具种类的多样，提供多途径检索，满足使用者的不同需要。

# 二、档案检索工具的编制

## （一）馆藏性检索工具的编制

### 1.卷内文件目录

卷内文件目录是以案卷为单位，系统登录卷内文件的题名及其他特征并固定其排列顺序的检索工具。卷内文件登录的内容一般包括顺序号、发文字号、责任者、题名、日期、页号、备注等。卷内文件目录能巩固档案实体系统整理的成果，而且能够反映卷内文件的基本情况，是检索具体档案文件的重要工具。

## 2.案卷目录

案卷目录是在档案实体整理过程中，对案卷进行排列与编号以后，将案卷号、案卷题名及其他特征进行系统登记的检索工具。案卷目录表是案卷目录的主体，案卷目录表的基本项目包括案卷号、案卷标题、案卷起止日期、卷内文件页数、保管期限和备注等。案卷目录的主要作用是：固定全宗内档案分类体系和案卷排列次序，反映和巩固档案整理工作成果；揭示全宗内档案内容与成分，是查找、利用档案的基本检索工具；是案卷清册和总账，便于档案的统计和安全保管。

## 3.案卷文件目录（全引目录）

案卷文件目录，是以全宗为单位，将案卷目录与卷内文件目录相结合按一定次序编排而成的一种档案目录。它既能够揭示全宗内的案卷信息，也能够全面反映每一案卷内的文件信息，兼有案卷目录和卷内文件目录的双重功能，所以又称全引目录。编制案卷文件目录的方法：将案卷目录和卷内文件目录依次打印，复印剪贴后装订成册，或者利用计算机技术进行编辑整合。

## （二）查验性检索工具的编制

### 1.分类目录

档案分类目录是按档案分类法组织起来的，揭示全部（或主要部分）馆藏内容与成分的一种综合性检索工具。它打破了全宗的界限，不受档案实体整理体系的束缚，是档案工作人员从事业务工作和利用者查找档案不可缺少的工具。分类目录还可作为一种基本检索工具，派生出各种专题目录、重要文件目录等，向外报道馆藏，满足利用者的特定需求。分类目录的编制包括条目的排列、参照卡和导卡的设置、字顺类目索引的编制。

（1）条目的排列

条目的排列即将已经著录的条目按分类号的顺序排列起来，对同一类号的条目再按时间顺序、题名、责任者字顺等其他特征排列。

（2）参照卡和导卡的设置

参照卡用于揭示类目间的相互关系，指引利用者准确找到所需的档案。参照卡可分为一般参照卡、直接参照卡和相关参照卡。

导卡也称指引卡，是一种上端有耳状突出的卡片，用于揭示分类目录的结构及其逻辑体系，指导人们在目录内迅速准确地查到所需的档案卡片。一般可在每一类前放一张概括本类内容的导卡，在耳状突出处标明类号及类目名称，其下注明该类直接下位类类号及类目名称。

（3）字顺类目索引的编制

字顺类目索引即将分类目录的类目按字顺排列起来，提供从字顺主题入手查找档案的途径，提高分类目录的利用效率。字顺类目索引的编制方法如下：

第一，对类名进行规范处理，将之转化为标题形式。

第二，补充分类表中未列的概念，如类名同义词以及表中未收的新学科、新事物或其他重要概念等。

第三，编制索引款目，对两个或两个以上主题的类目分别编制款目。

第四，对某些款目词实行轮排，使同族概念集中，并提供多条检索途径。

第五，将所有的索引款目按字顺排列。

2.主题目录

档案主题目录是根据档案主题法的原理，按档案主题词的字顺组织起来的目录。主题目录不受全宗和分类体系的限制，直接从事物出发按字顺查找所需档案，灵活性强，便于进行特性检索，但系统性不如分类目录。主题目录的编制步骤包括标题形式的选择、主标题与副标题的确定、著录卡片按字顺排列、参照卡的设置等。

3.专题目录

档案专题目录是集中揭示有关某一个专题档案内容的检索工具。它不受全宗的限制，可利用其在全馆范围内按照专题查找档案，对于科学研究及解决专门问题有很大帮助。专题目录的编制步骤包括选题、选材、著录、排列等。

### 4.人名索引

人名索引是揭示档案中所涉及的人物并指明其出处的一种检索工具，可分为综合性人名索引和专题性人名索引两种。综合性人名索引是将馆藏档案中涉及的全部人名编制成索引；专题性人名索引是按某一专题范围编制人名索引，即选择若干比较常用的专题来编制人名索引。一般来说，专题性人名索引利用率较高，且编制工作量不大，适用于一般档案部门，可以满足大多数从人名入手查找档案的利用要求；而综合性人名索引编制工作量大，且档案中涉及的任何人名并非都有检索意义，所以，其往往只用于人事档案、诉讼档案等，对普通档案不太适宜。

在编制人名索引时，应对一人多名的情况加以处理，如一个人的真实姓名、笔名、艺名等，将同一人的档案材料集中一处，避免漏检、误检。

人名索引分人名和档号两部分，将人名引向所在档案的档号，即可查到记载某一人物的各种档案材料。人名索引可按人名字顺排列，有笔画笔形法、音序法等。

### 5.地名索引

地名索引是揭示档案中所涉及的地名并指明其出处的一种检索工具。地名索引可以为从地区角度入手查找档案的利用者提供档案线索，尤其是对利用档案编史修志者十分有用。地名索引比较适用于涉及地区范围较广的地质档案、农业档案、气象档案、测绘档案等。

在编制地名索引时，应弄清楚各地区在行政区划、名称等方面的沿革，在原用名和现用名之间建立参照，将同一地区的档案材料集中一处。

地名索引包括地名和档号两部分，必要时应加上注释，将地名引向所在档案的档号，即可查到记载该地区情况的各种档案材料。

### （三）介绍性检索工具的编制

#### 1.全宗指南

全宗指南是对一个全宗的档案的形成历史、内容、范围、成分、数量等各个方面以文章叙述的形式所作的全面介绍。全宗指南可分为组织全宗指南、个人全宗指南、联合全宗指南等，其中，组织全宗指南占绝大多数。

全宗指南由立档单位和全宗历史概况、全宗内档案情况简介、全宗内档案内容和成分介绍、辅助工具等组成。

（1）立档单位和全宗历史概况

立档单位和全宗历史概况包括全宗构成者名称、时间、主要职能、隶属关系、全宗构成者主要负责人名录、内部机构设置及其各历史阶段演变情况等内容。

（2）全宗内档案情况简介

全宗内档案情况简介包括全宗内档案的数量及保管期限、档案的完整程度、档案的利用价值及鉴定情况、检索工具的配置情况、档案的整理情况。

（3）全宗内档案内容和成分介绍

全宗内档案内容和成分介绍主要介绍档案来源（责任者）、内容、形式（种类、制成材料等）、形成时间、可靠程度、查考价值等。这是全宗指南的主体部分。我们可以采用详简结合的方法，根据全宗内档案的重要程度和实际需要进行介绍。

（4）辅助工具

辅助工具包括机关简称表、人名索引、地名索引等。

#### 2.档案馆指南

档案馆指南是对一个档案馆的概况及其全部馆藏以文章叙述方式所作的概略介绍。它是档案馆对其收藏和服务情况进行宣传和报道的重要工具。

详细的档案馆指南包括序言、档案馆概况、馆藏档案情况介绍、馆藏资料介绍、索引、附录等组成部分。

### 3.专题指南

专题指南是以文章叙述的方式，按一定专题对档案机构收藏的有关该专题的全部档案材料所作的综合介绍。专题指南在选题选材上与专题目录相同，在档案内容成分的介绍方式上类似全宗指南。专题指南一般由序言、目次、档案材料内容简介、索引、附录等部分组成。

档案馆（室）应建立科学合理的档案检索工具体系，达到如下基本要求：具有一定数量的功能不同的检索工具、检索工具与利用需求相适应、正确处理各种检索工具的联系与分工、在检索工具的编制中应推行标准化。

# 第三节　计算机档案检索系统

计算机档案检索系统是以电子计算机作为检索设备，将档案信息以二进制代码的形式记录在磁性载体上，由计算机检索软件进行控制，对输入的档案信息自动进行存储、加工、检索、输出、统计等操作的一种信息检索系统。计算机检索系统与手工检索系统相比，存储量大、检索途径多、检索效率高。

## 一、计算机档案检索系统的类型

### （一）按数据库的性质分

按数据库的性质，计算机档案检索系统可分为目录检索系统、事实与数值检索系统、全文检索系统。

### 1.目录检索系统

目录检索系统存储的是经过加工的档案目录信息，检索结果是符合检索要求的档案线索。目录检索系统目前在档案计算机检索系统中占绝大多数，它是发展最早，应用最广泛的检索系统。

### 2.事实与数值检索系统

事实与数值检索系统存储的是档案中所包含的各种事实或数据，它对档案材料进行了更高层次的情报加工，输出的检索结果为用户可直接利用的事实和数据。这种检索系统有逐渐增多的趋势。

### 3.全文检索系统

全文检索系统存储的是机读化的档案全文信息。通过这种检索系统，可以检索档案原文中的任何一个字、句、段、节等，也可直接输出档案全文。

## （二）按检索方式分

按检索方式，计算机档案检索系统可分为脱机检索系统、联机检索系统。

### 1.脱机检索系统

脱机检索系统是将用户的检索提问集中起来，由系统操作人员统一输入、统一查找，再把检索结果打印出来分发给用户。这种检索系统的用户不能直接参与检索过程，需要较长时间才能获得检索结果，适于那些不需立即获得结果但要求较高检全率的检索要求。

### 2.联机检索系统

联机检索系统是以人、机对话的方式，通过计算机终端和通信线路由检索人员直接对档案数据库进行检索。用户可以随时查找所需的档案信息，并能马上获得检索结果，还可随时修改检索提问，直到获得满意的结果为止。

## （三）按服务方式分

按服务方式，计算机档案检索系统可分为定题检索系统和追溯检索系统。

### 1.定题检索系统

定题检索系统是将用户提出的检索要求编成逻辑提问式输入到计算机里，

组成提问文件存储在磁盘上，每隔一定时间对数据库中新收入的档案信息进行检索，并按一定的格式打印输出给用户。定题检索服务一般是以脱机方式进行的。

### 2.追溯检索系统

追溯检索系统是根据用户的检索要求，对数据库中积累的档案材料进行专题检索，可以检索若干年内与检索课题有关的所有材料，其检索可追溯到档案数据库所能提供的年代。

### （四）按检索语言分

按检索语言，计算机档案检索系统可分为受控语言检索系统和自然语言检索系统。

### 1.受控语言检索系统

受控语言检索系统是采用分类表、词表等规范化的检索语言对标引和检索所用的词汇进行控制，检索时需通过分类表、词表将标引用语和检索用语进行相符性比较。

### 2.自然语言检索系统

自然语言检索系统直接采用自然语言存储检索档案信息，能够方便标引和检索。

# 二、计算机档案检索系统的构成

计算机档案检索系统由档案数据库、计算机硬件、计算机软件三大部分构成。

## （一）档案数据库

档案数据库是将一系列档案文献条目用二进制代码的形式，记录在磁带、磁盘或光盘上，以便让计算机阅读理解和运算，其内容与普通的检索工具基本一致，但为了便于计算机判断和处理，在条目中增加了指示符、分隔符、结束符等标志，并记明了各个著录项目以及整个条目的长度与地址。有时，为了提高检索效率，计算机还需对目录数据库做进一步加工，排成各种索引文档。一个计算机检索系统包含若干种文档。

## （二）计算机硬件

计算机硬件，指计算机及外部设备，它是进行信息存储、运算、输入、输出的实体。计算机的选型，应根据馆藏量、系统规模及检索功能的要求来决定。在配置硬件时，应考虑各种设备的兼容性、处理速度与处理能力、可靠性与适应性等，既要考虑目前的需要，又要着眼于将来的发展。

## （三）计算机软件

计算机软件，指控制计算机各种作业的一系列指令，没有这些指令，计算机就不能运行。目前，市场上出售的软件较多。应用软件可以购买，也可以自己研制开发。由于档案种类的多样性，内容的复杂性以及档案管理、利用的特殊性，档案检索系统的软件开发须从档案的特点以及档案工作实际出发，进行系统分析和设计，不能完全照搬情报检索系统的软件。此外，还应加强档案通用软件的开发，既可节省人力、物力、财力，又能帮助那些缺乏技术条件的单位尽早开展计算机检索工作。

# 第四节　档案的多样化应用

## 一、档案资源的信息化应用

在这个信息技术高度发达的时代，社会生活的信息化、网络化程度越来越高，知识的总量急剧增加，在档案信息化应用方面，无论是技术手段，还是信息资源的有效积累和广泛应用，都必将以档案信息资源的整合、集成、共享、利用作为出发点和落脚点，以传承人类文明，共享信息资源，实现社会的可持续健康发展。

### （一）档案资源的知识化积累

档案的形成（鉴定、收集、整理与归档）是从个体知识到组织知识，再到社会知识转换的文化积累、动态跟踪的历史记载过程，档案的开发与利用（编研、开放、发布与利用）是人类传承文明、创新发展的重要过程。这两个相互衔接、彼此推动的过程循环往复、推陈出新，构成了人类社会的知识化增长和社会化自适应的档案资源不断丰富的过程模型。这表明了档案文化通过"传—承—积累—发展—传"这样一种类似于文化加工厂的生产工序，随人类自身的繁衍而形成民族文化生生不已、无始无终的传承环链。

21 世纪，我国各行各业的信息化已经进入了以知识管理为核心的快速提升和综合运营的重要发展阶段，信息技术的发展把知识管理推到了重要的位置，人们对知识和技术在经济增长中的作用有了更充分的认识。档案作为人类社会活动的原始记录者和忠实承载者，记录了人类社会成果的同时也揭示着人类文化，它是民族文化遗产的重要组成部分。此外，档案在文化传承中占据着举足轻重的地位，发挥着不可替代的作用。正如一些学者所说，正是因为有了档案与档案管理，人类才能够不断地在继承中存在、发展，在存在、发展中延续，不断使自己真正成为一个连续的时空整体。档案与档案管理是人类社会时空统一性和连续性的维系之道。笔者认为，档案资源必将会成为未来知识网中不可或缺的重要组成部分。

## （二）档案资源的共享化利用

社会信息化使档案信息资源面临全新的生存环境与发展空间。美国档案学者杰拉尔德·汉姆（Gerald Ham）先生曾指出，档案应该记载"人类生活的方方面面"，档案工作者要"创造一个反映普通百姓生活喜好、需求的全新的文献材料世界"，档案馆藏是反映"人类生活的广阔领地"。因此，档案资源唯有回归社会，得到最大限度的利用，才能更好地体现档案保管的价值和作用。事实告诉我们，实现档案信息资源的集成化管理和共享化利用是档案贴近公众、服务社会的最佳解决方案。

要实现档案信息资源的共享化利用，首先必须在档案基础数据库的建设上下功夫。档案基础数据库是建设数字档案馆和档案信息化建设的基础性工作之一，是实现档案信息资源的集成共享、统一管理、高效检索和方便利用的基础信息存储结构，更是国家信息资源数据库建设的重要内容。如今，我们处于信息技术快速发展的时代，城市综合服务资源库的建设是社会发展的需要，是加强政务公开、实现便民服务的一项基础性工作。我国已经在人口基础信息库、法人单位基础信息库、自然资源和空间地理基础信息库、宏观经济数据库的建设方面取得较大成效。档案是人类社会活动的历史记载，档案资源的开发利用和档案基础数据库的建设是国家信息资源建设的重要组成部分。可以说，档案基础数据库的建设已经成为各级各类档案馆面向社会提供档案资源利用服务的重要支撑，成为我国整合档案信息资源、弘扬民族文化、提高民族素质的历史课题，同时也是档案工作者采用现代手段记录当今社会改革、建设、发展的真实过程，支撑社会经济发展的历史性责任和义务，更是政务公开、提高办事效率和促进科学决策的依据。

美国、加拿大、澳大利亚、德国、韩国等一些发达国家已经在档案数字化、文档一体化、数字资源长期保存、数字档案馆等方面开展了一些前瞻性和应用性研究，相继制定了电子文件管理的元数据格式与规范，研究开发档案管理信息系统、档案资源共享网站系统建设的思路和方法。发达国家的经验告诉我们，建设基础数字资源库的宗旨是遵循国际标准，构建跨区域的开放档案的共享资源库，针对公众对档案资源的利用需求提供高效率的查准、查全服务机制。

在我国，也有一些省市级档案馆开展数字档案馆建设，制定了符合各地区需求的数字档案的元数据格式规范，建立了档案目录中心，提供部分开放档案信息的检索服务功能，具有典型示范作用。比如福建省分布式档案基础数据库建设，它是基于分布式数据库，在原来单机和局域网络的基础上开发完成的，它连接了若干分布式数据库，并建立了档案目录数据库、档案内容数据库等。但是多数档案馆还没有真正建立全面的、系统的、面向公众查档需求的档案基础数据库，而只是建立了一些专门的特定主题的数据库，只能满足一些局部或特定的用户需求，特别是开放的档案信息资源没有实现集成，信息结构不统一，档案数据不系统、不完整、不能共享，更为严重的是，没有形成一个统一的、能够描述数字档案资源的格式规范和建设档案基础数据库的标准方法、实现档案资源的整合、组织与存储的技术方案和行之有效的建设思路。另外，建设档案基础数据库的关键技术如基于知识管理的数据仓库和数据挖掘技术等，尚未在档案信息化领域得到广泛应用，这些大大降低了档案基础数据库建设的速度和质量，致使各类档案资源难以形成一个统一的资源库整体，限制了档案资源的深层次挖掘和广泛利用。因此，研究档案基础数据库的元数据标准集、数字化档案信息的格式规范以及档案基础数据库的建设思路和方法、各类结构化和非结构化档案数据的组织、存储和检索利用的关键技术、提供检索服务和共享利用的有效机制等，是当前档案馆信息化建设重要的基础性工作。

### （三）档案信息服务机制变革

随着全国各行各业信息化进程的加快，档案馆信息化应用也逐渐走向更广、更深的领域。档案信息服务将不再拘泥于传统的、单一的方式，将会有所创新，趋向多元化发展。

#### 1.服务方式由被动性向主动性转变

改变传统的被动服务方式，积极主动地开展档案信息服务。长期以来，在档案信息利用上，总是遵循一种传统的服务方式——"等客上门"。这实质上与信息社会的发展极不协调，不利于档案信息价值的体现与发挥，也封闭了档案信息表现价值的众多途径。而档案信息服务方式也必须考虑到档案的特性，一味"等客上门"是不行的，也不符合《中华人民共和国档案法》的基本要求。档案信息的主动服务方式应该是"请客入门"。

具体的措施主要有以下几点：开展针对档案利用者的利用需求研究，主动地提供档案信息利用，要广泛、深入地研究不同方面、不同层次的利用者；进行必要的档案宣传工作，如果社会各界人士对档案没有广泛的认识、了解，利用它就无从谈起了；提供多种档案信息利用方式，编制多样的检索工具，形成全功能、高效益的检索系统；加强编研工作，注重编研成果的出版发行，将档案价值的精华系统、全面、集中地向社会公布，向档案信息利用者提供有效途径；拓展档案信息中介服务机构。

#### 2.服务手段由传统型向现代化转变

计算机网络技术、数据库技术以及多媒体技术的发展使得档案信息服务手段发生了巨大的转变。要想实现档案管理现代化，应借助数字化综合管理信息系统，把分散于不同载体、不同地理位置的档案信息资源以数字化的形式储存，以基于对象管理的模式管理，以网络化的方式互相连接，从而提供及时利用，实现档案信息资源共享。

#### 3.服务内容由单一型向多元化发展

借助信息技术，档案馆、信息机构及整个社会信息资源可建立起紧密的联系。笔者认为，档案服务内容可由单一型向多元化发展，增加新的内容，如档案信息资源网络化组织管理、档案信息资源的网络导航、档案信息的数字化开发与提供利用、档案利用者的教育培训等。例如，在档案利用者的教育培训方面，在对利用者进行传统档案检索和获取方式的培训的基础上，重点帮助利用者学会如何利用数字化的信息资源、如何选择档案信息数据库、如何从网上获取所需的档案信息、如何远程操作通信软件等。档案信息组织方式、检索方式、采集方式，较之其他类型的文献信息来说，具有复杂多样、技术含量高、对利用者信息能力要求高等特点，而我国能熟练使用档案信息的人较少，所以对档案利用者的信息检索能力、信息获取能力、信息筛选能力、信息识别能力的培养是档案信息服务的重要内容。

### 4.档案资源由封闭性向开放性转变

在网络环境下，档案馆信息服务资源不仅受馆藏档案信息量等指标的影响，还受档案馆获取档案信息、提供档案信息能力等的影响。所以档案馆在充分开发利用本馆馆藏档案信息外，还必须通过网络检索利用其他档案馆馆藏信息，建立档案信息资源的现代化管理系统，将档案信息纳入计算机网络，从而达到较好的信息资源利用效果。要想通过网络等信息技术实现档案信息价值的最大化，并最终取得档案信息服务于社会的最佳效果，这不是一蹴而就的，从我国现实情况来看，这将是一个长期的过程，然而这也是档案馆信息服务发展的终极目标之一。

### 5.档案资源由单一型向多样型转变

档案馆提供的单一信息服务的资源以收藏纸质档案为主要内容。在网络环境下，档案馆综合信息服务模式的服务资源则要朝着多种载体形式并存的方向发展，包括各种电子文件、光盘、缩微载体等，尤其要加强数字化馆藏资源的建设。网络环境下的数字档案馆所拥有的完整馆藏含义应该是"物理实体馆藏＋数字化馆藏"。我国档案馆在档案信息数据库建设方面的任务是：在保留传统档案文献的同时，应通过协作与协调，在一定程度上对馆藏资源进行数字化，要注意将具有独特价值的馆藏文献数字化，制成光盘传播，或借助网络传播，并在此基础上形成一个档案信息网络。

# 二、馆藏档案的数字化应用

为满足公众网络化查档和档案信息化管理的多元化需求，馆藏档案数字化和开展档案数字化应用系统的建设已成为现代档案管理的重要内容。对档案工作者而言，这也是一项全新的任务，需要在充分认识馆藏档案数字化重要性和必要性的基础上，采取有效的策略和方法，开展馆藏档案数字化系统的建设，并积极应用馆藏档案数字化系统。

## （一）馆藏档案数字化的意义和任务

档案作为一种特殊的文化资源，是国家信息资源的重要组成部分，它的开发与利用具有非常广泛的社会价值和实际意义。馆藏档案数字化的意义主要包括：数字化可以有效保护原件，降低原件损毁风险；在利用过程中不再受到文本数量的限制，打破了档案原件的地域性局限和唯一性局限，可同时供多个用户使用，大大提高了档案利用率。

馆藏档案数字化工作主要包括两项任务：一是将传统载体档案目录进行数字化；二是将档案内容进行数字化。

### 1.档案目录数字化

档案目录数字化的主要工作是对载体档案进行编目，并将目录信息录入计算机系统，建立档案目录数据库，利用管理信息系统实现档案目录数据的计算机化管理和目录信息的资源共享。

### 2.档案内容数字化

档案内容数字化的主要工作是将馆藏的纸质、照片、录音、录像、缩微等档案通过扫描、加工、处理（包括去污处理、图像处理等），转变为文本、图像、流媒体等格式的信息，存储在网络服务器中，利用计算机及信息系统提供查询、检索和浏览功能。

### （二）馆藏档案数字化的思路与方法

档案馆工作人员不仅要开展档案目录信息的著录、馆藏档案内容的数字化加工与扫描，更需要建立一整套完整的综合业务管理信息系统，加强数字化后的档案信息的利用服务工作。由于馆藏档案数字化需要花费大量的人力、物力和财力，加之数字化加工过程对档案原件也会有或多或少的损害，所以，不能盲目地赶潮流、追先进、不分先后、不讲策略地将馆内所有档案进行数字化。

**1.做好馆藏档案数字化的前期基础工作**

馆藏档案数字化的前期基础工作包括做好可行性论证、选择数字化加工方式、筹备和落实资金等。

（1）做好可行性论证

要根据档案利用的需要、资金情况、馆内人员知识结构、馆内软硬件平台、馆内信息化应用现状等基本状况，在充分了解和认识馆藏档案数字化系统建设的复杂程度和技术要求之后，做好馆藏档案数字化系统建设的可行性论证工作，确保馆藏档案数字化系统建设有序推进，确保数字化后的档案信息能够被真正使用起来。

（2）选择数字化加工方式

数字化是保管档案过程中所做的一项技术性较强的处理工作，这对习惯了传统管理工作的档案工作人员来说，具有较大的难度。因此，需要提前做好规划，明确系统建设的实施方案。例如：馆藏档案数字化系统分几个阶段完成，每个阶段的任务和目标是什么；应对哪些档案做数字化加工和处理；在数字化加工处理过程中，对于安全控制、进度控制、质量控制和成本控制等过程，应采取怎样的方法与策略；数字化后的档案信息如何与现有的计算机信息系统实现集成；如何发布档案信息以提供利用；如何解决备份和长久保存；等等。对于这些问题，都需要提前做好解决方案，待档案工作人员和数字化加工协作人员达成共识后，再开始工作。笔者认为，边加工边讨论的方式，可能会导致工期拖长、见效缓慢、安全保障难，甚至导致项目失败。

对馆藏结构、馆藏量、馆藏利用量、馆藏档案年度、馆藏档案受损情况、档案存储介质、各存储介质的寿命等因素进行深入的分析，围绕档案永久保存特点、用户快速查档和高频查档的要求进行深入的研究，按照档案利用率和档案的紧急保护程度对库房档案进行量化分析，获得按年、季、月进行排序的需要进行数字化处理的档案案卷数量、纸张数量、纸张大小以及声像和缩微胶片的档案数量等，并以此来提出对购买设备的种类、数量和性能的要求。

如果档案馆内有缩微品档案且数量比较大，以后还会有进馆的缩微档案，就需要考虑是否在馆内购买缩微扫描仪，以解决长期的缩微品数字化的问题；如果档案馆内缩微品档案数量很少而且以后也不会有缩微档案进馆，就不需要购买专用设备，可以考虑采用一次性的外协加工方式。录音、录像档案数字化方案也可采用同样的分析方法，根据具体情况考虑是否需要购买专用设备并建立数字化加工流水线等。

多数档案馆藏以纸质档案为主，因此建立纸质档案的数字化加工流水线是很有必要的。当然，各档案馆（室）也可根据自己的实际情况，不购买扫描设备，采取分批分工的外协加工方式，对加工后的数字档案信息进行科学管理、利用信息系统提供服务利用。这也是一种不错的馆藏档案数字化加工的解决方案，特别是在数字化加工量比较大时，没有聘用足够的扫描加工工作人员的话，即便是在馆内建立数字化加工流水线，单靠档案馆内部工作人员也很难在短时间内完成加工任务，而专业化外包加工服务能够在保障质量和安全的前提下快速完成任务。

（3）筹备和落实资金

有时候，数字化加工的任务单靠档案馆的人力很难完成，往往需要采取商业化的运行模式或外协加工。此外，加工完成后，还需要购买网络化存储设备提供档案信息服务与利用，需要购买各种存储介质进行数据备份，而且数字化加工过程还需要购买保障安全的监控设施和扫描设备，系统实施后还需要聘用系统管理和数据管理人员开展大量运行与维护工作。建立馆藏档案数字化系统需要的资金大概包括以下几个部分：扫描并且进行全文数字化加工的费用；数据发布系统的购买费用；购买服务器的费用；进行馆内人员培训、引进网络管理员和系统管理员等的费用。因此，在进行馆藏档案数字化之前，应在资金准备上给予充分重视。

### 2.确定数字化加工的协作模式

档案内容数字化工作包括数字化预加工和深加工两步。数字化预加工能够将纸质档案、照片档案、缩微胶片等转变为电子图像文件，不能将纸质档案上的文字信息进行完全处理。数字化深加工则是利用技术含量较高的 OCR（Optical Character Recognition，光学字符识别）和语音识别等处理技术获取载体档案中的文字信息，以利于提供全文检索。

馆藏档案数字化工作量大，涉及扫描加工、图像处理、数字信息存储与管理、OCR 等技术，仅依靠档案部门的力量开展系统建设是很困难的事情。为解决这些难题，档案馆要做好以下几项工作：

第一，在系统建设之初就需要开展需求调研与分析，考虑需要购买哪些硬件设备和软件支撑系统以及系统能够实现的自动化程度等，这必然需要开展大量的咨询、诊断和分析等工作，聘请有经验的、开展数字化加工的专业服务机构来协助档案馆开展系统规划是非常必要的。

第二，开展数字化加工，首先要建设一个能够支持加工过程各环节进行数据管理的信息系统，然后再基于该系统有条不紊地开展工作，只有熟练操作和使用各类数字化设备的加工服务人员才能确保速度快、质量高，确保工作的有序开展。

第三，数字化加工完成后，生成的各类电子图像、原文信息、档案目录数据等都需要做关联处理，而且需要以光盘或者网络存储方式发布。信息发布本身又是一个系统，需要专门开发，如果采用成熟的软件，就可以大幅缩短数字化后档案数据的呆滞时间。目前，市场上开展数字化加工的专业 IT（information technology，信息技术）公司已经在信息系统建设、加工流水线、安全保障等方面开展了大量的工作，积累了较为丰富的经验。借助于这些 IT

公司的力量来开展馆藏档案数字化工作是一种省时、省力、省钱且相对安全的高效方式。

**3.保障数字化档案信息的真实性**

在馆藏档案数字化过程中，数字化档案信息的真实性保障主要体现在档案实体的扫描加工和档案目录的数字化两个方面。

（1）扫描加工过程中的真实性保障

在馆藏档案数字化档案信息形成、管理和提供利用的过程中，制定保障档案信息真实性的规章制度是非常重要的管理措施。

笔者认为，各个阶段的保障侧重点不完全相同。

第一，在数字化加工档案信息形成阶段，加强对数字化加工人员的管理是非常重要的，其中最重要的是，不允许将档案带出加工基地。另外，数字化承包商为了保证信誉也需要制定严格的加工基地管理措施，多采用半军事化管理、岗位责任制等强化管理、反抄袭的管理模式，杜绝档案信息在处理过程中人为外泄。

第二，在档案信息形成阶段，信息真实性的风险表现为技术上的不成熟，如扫描过程信息丢失，图像到文字转换过程中产生错误识别等，而采取较高的技术手段是完全可以保障信息真实性的。由于每个过程、每个岗位都会将数字化后的档案信息与档案原件进行比较，而且参与加工的人员一般不是文化程度较高的人员，他们对档案也不是很了解，甚至无心了解，因而，这个阶段档案信息真实性的保障主要是采取先进的技术手段来减少误差。

第三，在数字化档案信息的管理和提供利用阶段，与电子文件归档后进入该阶段的管理相似，同样利用灾难备份库对新形成的馆藏档案数字化后的档案信息进行备份，并在管理和提供利用的过程中加强网络安全管理，提高档案馆内部管理人员操作的规范性和管理工作的程序化，制订自动核对计划，确保档案信息的真实性。

（2）数字化档案目录信息的真实性保障

数字化档案目录信息一般存储在数据库文件中，它的真实性主要取决于档案管理员"依法管档"的严格程度。这一部分数据是管理人员根据档案原件提取出来的、用来描述档案原件核心内容的元数据信息（也可能是电子文件自动归档过程中通过预先设定的规则自动生成的、描述文件属性的元数据信息），这一部分信息并不像档案原件那样具有凭证性作用，它只是为了方便管理和快速检索而形成的，并且在以后的管理过程中可能会改变。因此，它的真实性并不像人们对档案原件数字信息的要求那样高，但为了不产生负面影响，档案目录信息的著录人员应依据档案管理学理论，以档案著录的标准和规范严格要求自己，尽自己最大的努力保障目录信息的真实性，从而有效提高档案的检索和利用效率。

### 4.加强数字化档案信息的整合与集成

馆藏档案数字化和电子文件归档后，往往会产生大量的数字化档案信息，如果只将其刻录于光盘或存储在磁盘中，不提供系统化的档案利用服务，是不对的，也是无意义的，这也不是馆藏档案数字化的真正目的所在。一些档案馆在开展数字化之前就使用了档案管理信息系统来管理档案的目录信息，并在馆内提供档案目录信息的检索服务；也有一些档案馆在开展数字化的同时也建立起电子文件归档系统，收集电子文件并整理其目录信息；还有些档案馆将馆藏档案数字化作为档案信息化的启动工程。但无论是哪种情况，都需要处理好当前档案馆面临的电子文件归档、馆藏档案数字化和对传统载体档案管理的业务关系，将这三项主要工作形成的数字化档案目录信息和档案内容对象实行同步管理，对电子档案有纸质备份的或纸质档案有数字化拷贝的，都需要做关联处理，做到同一档案内容的一致性管理。否则，在档案馆分别建立电子文件管理系统、馆藏档案数字化管理系统、纸质档案管理系统，必然会造成系统间数据重复，甚至不一致的现象，从而增加管理的复杂程度。

### 5.保障数字化档案信息的存储安全

数字化档案信息的安全管理是档案信息化应用的前提条件。档案安全管理的重要性是由档案本身和档案管理的性质决定的，档案信息化建设必须充分考虑电子环境、应用系统和档案数据存储等方面的安全问题，正确处理方便、高效使用与安全管理的关系，不能因过分考虑安全而限制了档案信息的网络化传输与使用，这样将大大降低网络化应用系统的使用价值。对于数字化档案的网络存储系统，一方面要求使用带自动备份功能的专用服务器和数据库管理系统，能够配置备份作业计划并安全执行，如光盘库、磁盘阵列（Redundant Arrays of Independent Disks, RAID）等，对备份信息能够实现数据的迁移和恢复；另一方面也应同时使用安全介质备份，定期刻录（复制）备份信息，实行异地保管。

当然，数字档案的安全保障更需要建立健全管理制度和安全操作规范，实行有效的网络安全管理手段和措施，采用合适的授权管理解决方案。从档案内容的安全管理角度来说，应充分考虑以下基本的安全保障原则：

（1）密级区分原则

对保密档案信息实行物理隔离并将责任落实到人。

（2）内外区分原则

将开发档案信息与受控使用的档案信息进行区分。

（3）用户区分原则

对档案形成人员、档案管理人员和公众用户分别设立不同的使用系统和浏览数据的权限。

（4）系统区分原则

将档案馆内部使用的档案管理信息系统、电子文件归档系统、档案信息发布与利用服务系统、行政规范性文件管理系统等加以区分，严格控制各自的安全操作权限。

### 6.提供数字化档案信息的方便利用

馆藏档案数字化的一个重要目的是方便利用，如果将数字化后的图像刻录成光盘存放在库房中，与纸质档案采用同样的管理方式，那么数字化档案的效果就很难体现出来。只有将档案的数字信息放在网络环境中，提供网络化的高效服务，才能确保投资有收益。

# 第五章　档案信息化建设

## 第一节　档案信息化的理论基础和法规标准体系

### 一、档案信息化理论基础

如今，档案管理对象有所变化，档案管理理论也不断调整。档案信息化理论基础主要包括档案有机联系理论、文件运动理论、档案价值理论。

（一）档案有机联系理论

档案有机联系理论揭示并保存档案文件之间最有价值的联系，对人类全面了解历史的真实过程具有重要意义。数字档案文件之间的联系可以通过元数据（背景、内容、结构）加以描述。

（二）文件运动理论

文件运动理论揭示文件从产生到销毁的社会运动规律，反映档案文件的价值变化。

文件生命周期理论将文件从产生到永久保存或销毁分为文件制作形成（形成单位）、现行（现行使用单位）、半现行（文件中心或机关档案室）、永久保存或销毁（档案馆）四个阶段，表述了文件在时间、空间中的运动规律，前端控制思想即来源于此。

### （三）档案价值理论

档案价值理论揭示档案具有价值和使用价值属性，是档案鉴定的理论依据，也是档案有机联系理论和文件运动理论的基础。

## 二、档案信息化法规标准体系

档案信息化法规标准体系以《中华人民共和国档案法》为核心，由《中华人民共和国档案法实施办法》等行政法规、政府规章和规范性文件组成的。这些法规从不同的角度为档案信息化提供参照执行的约束标准。

规范性文件指由有权机关在履行职责过程中形成的具有特定效力和规范格式、可以反复适用的立法性文件和非立法性文件。广义上的规范性文件一般是指属于法律范畴（即宪法、法律、行政法规、地方性法规、自治条例、单行条例、国务院部门规章和地方政府规章等）的立法性文件，以及除此以外的由国家机关和其他团体、组织制定的具有普遍约束力的非立法性文件的总和。狭义上的规范性文件俗称"红头文件"，指法律范畴以外的由有权机关制定的其他具有普遍约束力、可以反复适用的非立法性文件，包括贯彻执行中央决策部署、指导推动各项工作的决议、决定、意见、通知等文件。规范性文件具有强制性或指令性，包括国家标准、行业标准、地方标准。

具体而言，档案信息化法规标准体系涉及以下几个方面：

### （一）档案信息化基础设施建设

档案信息化基础设施建设包括档案信息化硬件设施的配置标准、网络环境构建的技术要求和管理规范等。档案信息化基础设施建设的核心内容是档案局域网的拓扑结构、传输介质、传输模式、网络带宽、内外网联结方式等方面的规定。

### （二）数字档案资源建设

数字档案资源建设包括档案前处理、档案著录标引、档案目录数据库结构方面的规范；数字档案文件格式、档案数字化操作规程及质量标准方面的规范。

### （三）电子文件生成、采集、传输、利用、保管与迁移

电子文件生成、采集、传输、利用、保管与迁移包括电子文件数据交换及元数据标准；电子文件通用格式及载体规定；电子文件完整性、真实性、有效性保障制度；电子文件信息系统的构建规范；电子文件归档与管理体系规范；电子文件利用规则；电子文件价值鉴定方面的规定等。

### （四）档案信息化应用系统建设

档案信息化应用系统建设包括档案管理软件系统的功能要求与数据结构标准；文档一体化管理系统的信息流程与体系规范；档案网站建设运行规范；档案局域网的组织管理规范；电子文件中心的功能要求与构建规范；数字档案馆建设规范等；档案信息化项目的规划、立项、工程承建、发包、验收、审批等方面的管理性规定等。

### （五）数字档案资源利用

数字档案资源利用包括与数字档案资源共享有关的利用形式、利用过程、共享权责、技术模式、权益关系等方面的规范，核心内容是网络环境下数字档案资源共享所涉及的著作权、隐私权、信息利用权等主体权益的调整规定以及档案开放制度等。

## （六）档案信息安全

档案信息安全包括档案信息安全和档案信息系统安全保障体系建设方面的法规要求，如档案信息备份制度、档案系统安全等级制度等。

## （七）其他方面

其他方面包括对档案信息化总体目标、基本内容、组织体制、宏观管理等方面的规定；对档案信息化人才素质、结构及队伍建设方面的规定；对公众在档案信息化过程中的权利和义务的规定等。

# 第二节　档案信息化的技术基础

硬软件环境建设是档案信息化的技术基础，涉及计算机、服务器、网络设备、数据库、数字化输入/输出设备、存储设备等。现代档案管理人才的培养不但要强化学生的档案管理专业知识，还应注重硬件、软件知识方面，使学生能够根据档案的存量、增量、经费情况，提出本部门信息化建设的硬件、软件需求方案，选择合理的软硬件设备。

## 一、计算机

计算机是一种能够按照程序运行，自动、高速处理海量数据的现代化智能电子设备。计算机系统由硬件系统和软件系统组成。

按照性能不同，计算机可分为巨型机、大型机、小型机、微型机、工作站、服务器和网络计算机等。

选择计算机时，应注意以下几点：选择具有较高性价比的计算机；与网络设备联系起来考虑；充分考虑计算机的效益；考虑售后服务方面；等等。

## 二、服务器

服务器是在网络上为众多终端客户机提供专业服务的一种高性能、高可用性的计算机。它侦听网络上的其他计算机（客户机）提交的服务请求，并提供相应的服务，具有承担服务并且保障服务的能力。

服务器具有可扩展性、易使用性、易管理性和可用性四大特性。

服务器按应用层次划分，可分为入门级服务器、工作组级服务器、部门级服务器、企业级服务器。

选择服务器时，应注意以下几点：符合技术主流发展要求，适应网络应用和发展的需求；符合可扩展性、易使用性、易管理性和可用性等要求；较好的总体性能价格比；较好的服务和支持水平。

## 三、数据库

数据库是一个长期存储在计算机内的、有组织的、可共享的、统一管理的数据集合。它是一个按数据结构来存储和管理数据的计算机软件系统。选择数据库时，应注意业务规模、流程、数据量、现有技术人员的技术水平、软件环境和价格等。

## 四、数字化输入/输出设备

数字化输入/输出设备，包括数码相机、数码摄像机、扫描仪、录音笔、打印机、刻录机等。

### （一）数码相机

数码相机是一种利用电子传感器把光学影像转换成电子数据的照相机。数码相机可分为单反相机、卡片相机、长焦相机等。

### （二）数码摄像机

数码摄像机是指把光学影像转换成电子数据的摄像机。

数码摄像机按存储介质可分为四类：第一，磁带式，以 Mini DV 为纪录介质的数码摄像机；第二，光盘式，以 DVD-R（DVD-Recordable，可记录式 DVD）、DVD＋R（Write once DVD，一次写入式 DVD）或 DVD-RW（DVD-ReWritable，可重写式 DVD）、DVD＋RW（Re-recordable DVD，可重记录型 DVD）为存储介质的数码摄像机；第三，硬盘式，以硬盘为存储介质的数码摄像机；第四，存储卡式，以存储卡为存储介质的数码摄像机。

按用途，数码摄像机可分为广播级数码摄像机、专业级数码摄像机和消费级数码摄像机。

数码摄像机性能指标基本与数码相机类同，但在光敏元件数量、分辨率、光圈、镜头、存储介质等设计方面有一定区别。数码摄像机侧重对动态影像的拍摄，静态影像拍摄效果不及数码相机。

### （三）扫描仪

扫描仪是一种将图片、照片、胶片以及文稿资料等书面材料或实物的外观数字化后输入电脑并形成文件保存的计算机输入设备。

### （四）录音笔

录音笔是通过数字存储的方式来记录音频的电子设备，完成声音数字化过程。录音笔携带方便，同时拥有如激光笔、调频等多种功能。

### （五）刻录机

刻录机是一种利用激光将数据写到空光盘上从而实现数据储存的电子设备。

## 五、存储设备

存储设备用于存储数字信息的载体有软盘、U 盘（USB 闪存驱动器的简称）、硬盘、光盘、磁光盘（magneto-optical disc, MO disc）、磁盘阵列、区域存储网（Storage Area Network, SAN）和网络附属存储（Network Attached Storage, NAS）。

### （一）光盘

光盘是信息长期存储的载体。

光盘可分为预录光盘、可录光盘和可擦写光盘。

光盘具有数据存储密度高、容量大、盘片可更换、携带方便、使用寿命长、功能多样化、生产成本低廉、数据复制工艺简单和效率高等特点。

### （二）硬盘

硬盘是计算机主要的存储介质之一，由一个或多个铝制或玻璃制的碟片组成。这些碟片外覆盖有铁磁性材料。绝大多数硬盘都是固定硬盘，被永久性地密封固定在硬盘驱动器中。

### （三）磁光盘

磁光盘是一种光学与磁学结合而成的储存技术，它采用激光和磁场共同作用来存储信息。

### （四）磁盘阵列

磁盘阵列是一种把多块独立的硬盘（物理硬盘）按不同的方式组合起来形成一个硬盘组（逻辑硬盘），从而提供比单个硬盘更高的存储性能和提供自动数据备份的技术。

### （五）区域存储网

区域存储网由磁盘阵列连接光纤通道组成，是一个使用路由器、集线器、交换机、网关和网桥，实现存储设备与服务器之间互联，进行集中式管理的迅速存储网络。

### （六）网络附属存储

网络附属存储是利用现有网络，强调共享，完成网络存储的设备。

# 第三节　档案信息化战略与规划

## 一、档案信息化战略

档案信息化战略从信息社会的需要出发，服务于档案事业的发展方向，同时又促进档案事业的发展。

未来，档案信息化建设的步伐将逐渐加快，而要使信息化应用更深入、更普及、更有效，还需要从全国档案事业的高度制定切合档案事业发展的实施战略。

### （一）人才发展战略

人才发展战略是档案信息化建设的关键和先导。档案管理人才是知识型管理人才，也是复合型、高素质的现代管理人才。

要想制定好人才发展战略，可从以下几方面着手：

第一，对现有档案管理人员加强培训，选择合适的培训教材，制订恰当的培训计划，将培训工作纳入日常工作的重要内容，纳入档案信息化项目建设的工作计划中实施；同时，在条件许可的情况下，选拔中青年管理人员到各大院校接受有针对性的委托培养，切实提高其现代管理、信息技术、信息服务方面的素质和能力。

第二，引进急需的信息技术和信息化应用的专业人才，包括有经验的社会型人才和相关专业的高层次人才，他们是加强档案人才队伍建设的重要推动力。

第三，选拔能力较强、综合素质较高的人员组成课题组，开展档案信息化的课题研究，并使其结合本行业（单位）的情况进行子项目的研究和实践。

第四，整合 IT 行业的信息化人力资源，聘请专家、顾问提供技术支持和咨询。这一点是十分重要的，因为信息技术的发展日新月异，应用软件的更新、升级周期不断缩短，所以，档案馆不仅要及时引进先进的设备，还要引导档案管理人员及时更新理念和应用新的信息技术。

## （二）需求驱动战略

需求驱动是档案信息化建设应该遵循的重要原则之一，也是实施战略之一。档案信息化建设的范畴十分宽泛，它可以说是档案管理理论的发展，也可以说是档案管理手段的变革，并不是一个阶段性工作。因此，开展档案信息化建设必须从电子档案的形成和管理、急需共享利用的档案信息出发确定建设内容，以获得相应的发展条件。比如：在自动化网络办公环境下，文档一体化是必须的；有了先进的应用网络，人们会想要相应的信息网络服务；在实现档案目录使用计算机和网络检索的条件下，人们会提出全文检索的需求；为了保护珍贵的历史档案（实物原件）及其信息，档案数字化也是很有必要的；随着政府职能的转变以及管理工作的科学化、规范化和高效率的要求，档案信息辅助决策功能也是很有必要的；等等。不同的档案管理部门只能根据现实需求确定阶段性的建设目标，逐步展开建设，逐步完善系统。

## （三）滚动发展战略

信息化建设的各项工作都将是一个逐步发展、渐进完善的过程，不可能一步到位和一蹴而就。因此，确定滚动发展战略是很有必要的。

随着信息技术的不断发展，档案管理应用系统的功能也在不断完善和拓展。各档案部门不应一味追求设备更新，而要引导工作人员积极接受新的思维、应用技术。

数字档案信息的积累是一个没有止境的过程，也是档案信息化建设的核心内容。信息积累得越多，拥有的资源越丰富，能够服务的面才会越宽，开发潜力才会越大，档案工作的地位和作用才会得到更充分的体现。因此，无论是文档一体化、馆藏档案数字化还是信息资源的整合都是滚动发展的过程。

对数字档案资源的共享和开发利用来说，从目录检索、全文检索到社会化开发、知识化管理、辅助决策支持，从单份的档案信息到基于对象管理的信息链接加工，从本单位共享、行业共享、区域共享到全国共享、全球共享，以及开发档案信息资源等都可以说是滚动递增与发展的过程。

在自动化办公、信息化管理的基础上，档案工作还将逐步实现数字档案馆和智能化控制的目标。

（四）应用普及战略

一谈到档案信息化建设，大家都会联想到资金的专项投入、设备的专门购置等。然后，在实际生活中，没有信息化的基础设施建设就不可能开展档案信息化工作。如今，全国绝大多数档案专门管理机构都已经购置了信息化建设基础设备，甚至也开展了一定规模的管理信息系统和信息资源建设。然而，只建设，不使用，或使用得非常浅显是当前档案信息化建设的一大问题。当前各档案专门管理机构应在应用的推广、普及和深层次使用上下大功夫，在项目的规划、计划中着力强调应用普及问题，将它们纳入制度建立和培训工作中；必须在更新管理观念、改变管理手段、加强培训引导、建立健全制度方面上下齐动，要重点发挥领导和重要业务职能部门的关键作用。我们应明白，应用普及工作关系到档案信息化建设的发展和生命力，关系到国家信息化战略基础性信息资源建设的成败，是很重要的。

（五）专业化服务战略

档案信息化是关系到国家信息化战略实施的基础性工作，也是社会化需求很强的工作。档案信息化建设单靠档案部门自身的力量是很难实现的，也很难达到预期效果，必须依靠、联合专业的 IT 服务公司，从咨询、规划、设计、研发、实施、培训等各个环节着手。我们要明白，服务器、数据的专业化管理和技术维护，计算机网络设备、应用软件的售后服务和更新升级等都需要依托社会化的信息技术服务，因此要为其营造更大的发展空间，以及时解决信息化建设和信息开放发展过程中面临的各种问题，有效探索和发展档案信息产业化的途径。

## （六）产业化发展战略

档案是信息社会经济和发展的宝贵资源，档案记载着国家的文化遗产，它也正在形成新的社会文化，是社会生产力的重要组成部分，是综合国力最直观、最具体、最真实的反映。面对文化产业的浪潮，我们不能只把文化看成在思想观念、增强民族凝聚力等方面起作用的软力量，还要明白，它也是一种像科学技术一样能产生巨大经济效益和社会效益的宝贵资源。

在信息社会和知识经济时代，信息资源对经济增长方式的改变起到越来越重要的作用。走档案信息产业化道路无疑是符合时代需要的发展战略，既可以为档案事业的发展注入活力，增强造血功能，创造新的运行机制，也可以为信息社会的经济增长提供强大的推动力。

可以预见，随着我国综合国力的不断提高，人民生活水平的不断提高，市场对文化产业和信息服务的需求必将会呈现加速增长的趋势，有需求就有市场。档案信息产业化不仅不会阻碍档案事业的发展，还有助于档案事业的发展。档案信息产业化不仅可以在一定程度上解决档案工作投入不足的问题，还可以从另一个层面提升档案的价值，同时推动档案信息知识化、社会化的实现。《中华人民共和国档案法实施办法》规定："各级各类档案馆应当为社会利用档案创造便利条件。提供社会利用的档案，可以按照规定收取费用。收费标准由国家档案局会同国务院价格管理部门制定。"这就为档案信息的产业化发展提供了法律依据。

档案信息产业化的途径多样。例如：可以建立网络信息利用收费系统，实行信息利用收费制度；可以围绕国家和地方的文化产业发展需要，吸引社会资金和人力资源开发档案信息；可以开办档案主题展览，如档案实物和多媒体信息展览，在创造社会效益的同时争取经济效益；可以有针对性地为企业、社会组织和个人有偿提供可开放的档案信息，开展新型的社会信息服务；可以进行国际的开放档案信息的文化性交流与合作开发，把信息资源变为经济资源；可以利用现代技术制作可开放的珍贵历史档案仿真件，进行社会化的有偿服务。笔者认为，可以通过这些方面的探索逐步实现档案信息的产业化发展目标。

## 二、档案信息化规划

档案信息化建设是一项长期的、复杂的、系统的综合工程。要想搞好档案信息化建设，需要目标明确、规划科学、投资到位，使组织中每个成员的想法达成一致，保持同步。因此，立足全局、从档案管理和档案工作的实际需求出发，做好规划是档案信息化建设的第一步。

要想制定好档案信息化规划，就要坚持以实际需要为原则，根据本单位的实际情况，分出信息化建设的轻重缓急，重点关注对改进工作方法、提高工作效率和服务水平有用的工作，以解决实际问题，满足实际需要。

此外，要想制定好档案信息化规划，还要做到四个一致：一是使档案信息化建设与档案馆工作目标协同一致，即档案信息化建设与档案馆其他工作配套，将档案信息化建设纳入档案馆工作总体规划之中。无论是档案馆远景规划还是近期目标，都要在人员配备、工作安排、资金投入等方面为档案馆信息化建设留下充分的发展空间。二是使档案信息化建设与档案信息的开发利用达成一致。开发利用档案信息是档案馆工作的最终目的，档案信息化建设也应以此为重点，在改善管理手段的同时，更应该为利用者建立方便快捷的档案利用途径，尽可能创造条件，使利用者有更多的上机检索机会。三是使信息化技术需求与专业技术人才培养、技术储备达成一致。档案信息化的实现不是档案馆自身或档案馆某一个部门的工作，也不是单靠技术部门和几个计算机专业技术人员就能完成的，它需要全体工作人员的积极参与和配合，将档案信息化建设融入单位档案信息化建设和档案管理的各项具体工作之中。四是使档案信息化建设与加强档案管理基础工作达成一致。实现管理信息化的一个重要条件就是管理对象的标准化、规范化，任何一个单位或部门要想实现这一目标，都必须对其管理对象进行规范化、标准化处理，使之符合信息化的技术要求。

## （一）档案信息化规划的需求

现代档案工作面临着四大难题：一是整理、接收和保管电子文件并确保电子文件的真实、完整和有效；二是馆藏档案资源的开发与利用，并提供网络化的服务利用；三是传统介质档案与电子档案将在较长的时期内共存，如何实现统一管理，提高工作效率；四是有些历史档案介质已经无法利用传统保护技术实现永久保存，对这些档案和所反映的信息必须利用现代手段加以保存。

档案行政体制的改革、档案管理模式的变革、档案服务机制的创新对档案信息化建设提出了新的要求。

### 1.电子文件归档的业务需求

随着计算机在人们管理、生产、生活领域的广泛应用，利用计算机创建和处理文件成为必然趋势和普遍现象，大量电子文件的归档成为现实需求。《电子公文归档管理暂行办法》指出："电子公文一般应在办理完毕后即时向机关档案部门归档。"《中华人民共和国电子签名法》指出："为了规范电子签名行为，确立电子签名的法律效力，维护有关各方的合法权益，制定本法。""民事活动中的合同或者其他文件、单证等文书，当事人可以约定使用或者不使用电子签名、数据电文。当事人约定使用电子签名、数据电文的文书，不得仅因为其采用电子签名、数据电文的形式而否定其法律效力。"综上可知，电子文件将成为新的"历史的真实记忆"，电子文件的归档成为档案管理和档案工作者新的工作内容、新的工作任务。

### 2.馆藏档案数字化的业务需求

传统档案通常以纸张作为主要载体，以实物存储为形式，其唯一性保证了档案的凭证作用，但由于不同时代对档案载体质量的要求不一，且不同时代保管条件、档案保护技术也不同，特别是随着时间的推移和多次反复利用，这种形式必然对馆藏档案的利用产生一定影响。馆藏档案的数字化处理可以很好地解决有效保护实物档案与更充分利用档案信息的问题。此外，对于那些在档案机构馆藏且无法应用传统保护技术实现永久保存的实物档案以及散存在民间损坏严重的历史档案，也只能应用现代信息技术进行处理，至少可以将其信息内容保存下来。

### 3.档案信息资源开发利用的需求

信息社会对档案信息的依赖更加明显，档案信息是信息社会的重要资源，档案信息广泛、深入的开发利用将对信息社会的发展起到不可替代的作用。应用计算机网络技术管理档案信息有助于更好地开发、共享档案信息，有助于对档案信息进行知识化管理，从而使档案的价值得到充分体现。

### 4.档案工作现代化管理的需求

档案工作现代化的意义重大而深远，它能够大大提高档案工作的效率和质量，促进档案信息资源的开发利用，推动我国档案事业的发展。实施档案工作现代化管理的原因，主要有以下几点：

（1）社会发展的需求

当今社会是信息社会，信息如同阳光、空气和雨露一样，已成为每个人生存发展不可或缺的基本要素，知识和信息是比实物资产和传统能源更为重要的资源，对生产力的发展、社会的进步所发挥的作用也越来越大。为此，社会要求专门的信息部门能以较高的存储、处理和控制信息的能力，为社会提供高质量的信息服务。档案部门作为掌握信息资源的重要机构，可采用各种先进技术，使用先进设备，以实现档案工作的现代化。

（2）经济发展的需求

档案这一宝贵的信息资源，在社会各行各业中具有特殊作用，是社会进步发展的重要基础性资源。当今社会，人们对获取信息资源的基本要求是迅速、准确。计算机技术、现代信息技术等在档案工作中的应用，大大提高了档案部门处理信息的能力，从而使其能够快速、及时、准确、全面地向档案利用者提供服务。

（3）档案事业发展的需求

随着社会的发展，档案工作的科学文化性质越来越突出，社会服务效果对于档案工作的存在和发展也产生着越来越深刻的影响。如果档案事业长期处于落后状态，不能很好地为社会服务，那么档案事业在未来信息业的竞争中将处于不利地位。更为重要的是，档案信息资源的开发将由此受到严重的不良影响。因此，只有以现代化的管理方式和管理手段来提高档案工作的效率和质量，档案事业在社会发展中才能获得应有的地位，发挥应有的作用，档案事业本身才有光明的发展前途。

## （二）档案信息化规划的构成

档案信息化规划的主要任务，是在国家档案行政管理部门的统一规划下，在各级各类档案馆广泛推广、应用信息技术和网络技术等，深入开发和广泛利用档案信息资源，加速实现我国档案管理现代化的进程。规划的第一步是正确定位档案信息化在档案事业中的地位，明确档案信息化的根本目的，正确认识信息化和档案业务之间的关系；第二步是以档案工作的基本业务需求为基础，从目标、范围、组织、资金、资源、系统、应用等角度进行全面的规划与设计。档案信息化规划主要包括目标规划、内容规划、组织规划、资源规划、安全规划、系统规划。

### 1.目标规划

我国各档案保管机构应积极推进档案信息化，包括档案馆，机关档案室，文件中心以及与档案收集、整理、积累等相关的档案形成部门。因此，任何档案管理机构都应围绕全国档案信息化建设的总目标，根据本单位的收档、管档和用档的实际情况制定信息化建设的近期目标和长远目标，以及发展过程的阶段性目标。

　　首先，档案信息化的目标是以现代信息技术为手段，实现档案管理和提供利用的现代化。在档案信息化过程中，不要把手段当作目标，只注重网络和设备建设，为信息化而信息化，还要明白，应用现代信息技术不是简单地将过去的手工操作进行计算机程序化处理，还需要思想方面的改变。档案信息的收集、保管是基础，目的在于利用和开发，档案的价值也主要体现在利用。因此，目标规划必须紧紧围绕档案信息资源的收集、保管、利用来进行。

　　在近期规划中，首先要做好三方面的工作：一是对馆藏档案进行标准化、规范化处理，如标题名称、主题词、档案形成者、档号编制等；二是对电子文件的创建和构成进行规范，制定元数据标准，以利于实现计算机可识别管理；三是确定数字档案禁止写操作处理的存储格式，如比较通行的 PDF 格式，存储、备份方式也需要事先确定。在此基础上，通过馆藏档案数字化和文档一体化系统积累数字档案信息资源。

　　其次，要充分考虑信息化管理系统是否能够满足档案形成部门和单位内部对档案信息利用的需求，同时尽可能满足开发档案信息利用的社会化需求，以通过网络化等途径利用档案信息。

　　要实现档案信息利用的网络化就必须做好两方面的工作：一是必须对上网档案信息建立严格的开放鉴定工作程序和管理制度，对使用者实行分级授权管理办法；二是明确如何构建网络安全控制系统和实施安全管理制度，建立状态网络进行利用过程的跟踪和记录，对共享档案信息使用与办公网或公众网相连接的专门服务器管理。

　　最后，围绕如何提高档案管理的效率和现代化水平进行规划，必须做好三方面的工作：一是结合档案管理的基本规律和现代信息技术的特征与功能以改变传统的管理模式，如现行电子文档的随办随归、档案利用的主动提供、文档运行的状态网络监控；二是实现档案管理部门的智能化管理，如对库房进行科学、规范的安全管理，对工作场所和操作人员进行安全监控，对工作终端进行安全控制；三是按照档案信息化建设的需要，立足长远进行队伍建设和人员知识结构的培训，使人力资源充分满足信息化的发展需要。

在长期规划中，首先在档案资源的积累方面要加强不同业务部门业务运行网络系统及其数据的全面整合，进行行业间横向档案信息和上下游纵向档案信息的整合，建立全方位、能够满足自身档案信息需求的档案信息资源库，努力成为本单位真正的信息资源中心。此外，应积极充分发挥现代信息技术的优势，以基于"对象管理"的理念对档案信息进行管理，有效避免信息孤岛的问题。例如，一个建筑物档案，按照传统管理方式，其案卷仅仅包括批准文件、图样、验收报告等孤立的基建信息，而基于对象管理的思维，该建筑物的档案信息还要包括发生在该建筑物的历史事件等信息内容，这有利于深入、全面地利用档案信息，有效提高档案的利用价值。这还需要对馆藏档案进行标准化、规范化处理，对馆藏档案关联信息进行整理，使系统能够自动检索相关的电子文件信息和数字档案。在档案信息的利用方面，在依法开放的基础上，加强档案信息的深层次、知识化开发，比如建立辅助决策管理（咨询）系统以发挥档案管理作为基础性管理工作的效能，为科学决策、可持续发展提供系统权威的决策参考信息；大力开展档案信息的知识化开发研究工作，能够为社会提供大量的再生信息和知识，从根本上改变档案利用停留在备查状态的状况，使档案信息这一信息社会十分宝贵和重要的资源能得到最有效的利用。

## 2.内容规划

档案信息化建设内容涉及多个方面，其内涵、外延十分丰富，包含了软硬件两个方面的内容，包括多个工作阶段和环节。每个工作阶段和环节都应有明确的任务、目标和完成时间。由于每个工作阶段和环节都存在着内在的逻辑关系，因此严密、有步骤地按时完成各阶段的任务，是保证按规划完成整个工程建设的关键。具体的工作内容规划主要包括以下几点：

（1）制定总体规划

根据国家信息化发展战略，按照国家档案信息化建设的总体要求，结合行业特点以及单位实际情况明确具体的任务和目标，在此基础上确定网络建设方案、硬件配置计划以及软件购置或开发方案，制定实施策略、措施以及评价指标体系，提出资金投入、人力资源开发、工作场所要求等条件。

（2）建立规章制度

合理的规章制度是档案信息化建设顺利进行的重要保证，具体的建设单位必须在国家档案和信息相关法规范围内，在国家相关电子文件管理办法的指导下，制定符合行业和单位实际情况的电子文件管理办法、网络和信息安全管理制度、信息和网络维护规范等。

（3）搭建系统平台

按照总体建设规划，进行网络拓扑设计，建立档案管理局域网，配置服务器和终端计算机以及数字化处理和数据备份（迁移）设备，选择购买或委托开发档案管理软件，搭建档案管理系统和共享信息系统平台。

（4）积累档案资源

积累档案资源是档案信息化建设的核心内容，在上述三方面基础条件基本具备的情况下，必须有计划、有步骤地集中精力开展资源积累工作。一般而言，主要是通过文档一体化、馆藏档案数字化和业务管理系统信息整合来积累数字档案，分类建立数字档案信息仓库。

（5）挖掘档案资源

将原始数字档案信息进行知识化、社会化编研开发，为全社会提供档案信息，积极探索和大胆实践档案信息产业化的道路，把档案信息价值转化为经济效益。

（6）开放档案信息上网

开放档案信息上网是档案信息资源库建设的根本目的。按照档案开放规定和信息安全管理制度，逐步开放数字档案目录和档案全文数据上网，分类、分层次网上授权提供查询利用功能，从而提高档案的利用价值。

上述六个方面的工作具有紧密的内在逻辑关系，档案信息化建设必须紧紧围绕这些工作阶段来安排，并进一步制订详细的工作计划，从而更好地控制进度。

### 3.组织规划

档案信息化建设是一项涉及面广、建设周期长的现代化管理和技术应用工程，在这一过程中，随着信息技术的发展及其在档案管理工作中应用程度的加深，档案信息化建设的目标是逐渐变化的。因此，在档案信息化建设中必须着眼长远并立足当前，把握档案信息化建设的重要问题。当前档案信息化建设的主要课题是电子文件的管理、档案数字化建设、档案网站的建设等。信息技术的运用和发展给档案管理工作提出了新的要求。因此，必须建立有效的组织体系，以便确定建设方案并采取有力措施组织实施。

这个有效的组织体系是：就国家而言要建立一个强有力的组织领导中心，对全国的档案信息化建设实行统一领导，充分利用现有的档案行政管理体系及其组织管理力量，有效领导档案信息化建设工作。就具体的单位而言，一方面要把档案管理机构纳入整个信息化建设的组织机构之中，不能将信息化建设仅仅当作行政管理部门和信息技术部门的事，否则只会将信息化建设停留在自动化网络办公和管理的运行层面上，而不会将信息化建设的重点放在信息资源建设这一核心内容上；另一方面建立以档案管理机构为主体，使行政管理机构和信息技术部门协同支持档案信息化建设组织指挥中心，从而正确定位档案信息化在国家信息化建设中的地位和作用，正确处理信息化与档案信息化的关系，有效组织档案信息化的系统建设，努力开展档案资源积累与利用工作。

组织规划是先导，人力资源是关键，网络系统是条件，资源积累是核心，利用开发是目的。我们必须高度认识组织规划和建立有效组织体系的重要性，把组织体系当作档案信息化建设的前提条件来看。

### 4.资源规划

实施档案信息化战略，是我国整合档案信息资源、弘扬民族文化、提高民族素质的历史性课题，也是我们采用现代化手段记忆当今社会改革、建设、发展的真实过程。

资源规划就是要紧紧围绕档案资源建设开展工作，重点包括以下几个方面：

（1）加强档案目录数据库建设

档案目录数据库建设是档案信息资源建设的重要组成部分，它在档案信息资源中起重要作用。

（2）积极推进档案数字化建设进程

档案的数字化应以现实需要为前提，分阶段、分步骤地实施，重点加强对珍贵、重要、易损和利用频率高的历史档案和现行公开文件的数字化转换工作。

（3）积极推进档案全文数据库和多媒体数据库建设

逐步实现档案的全文信息查询，不断提高服务效率和质量，满足利用者对档案的不同需求。

（4）加快电子文件中心建设

各级综合档案馆应依托各地建立的电子政务内（外）网平台，发挥自身接收管理档案的优势，建立电子文件中心，及时接收电子文件和电子档案，同时开放共享电子文件，为国家经济建设提供服务。

5.安全规划

信息安全管理是实施信息化建设不可或缺的重要内容，而网络安全则是关键，安全规划必须纳入档案信息化建设的总体规划，作为重要内容来建设。安全规划的实施重点，主要有以下几点：

第一，建立档案信息安全保障体系框架，逐步完善档案信息安全管理体制。加强对档案管理信息系统的管理，确保档案数据库安全；加强对电子文件归档工作标准规范的监督和指导，保证归档电子文件的真实、完整和有效；档案部门的内部局域网必须与公众网实行物理隔离，在局域网内要加强身份认证和密钥等管理，使用网络行为控制系统，确保档案信息网络传输的安全。

第二，各级档案部门在开发利用档案信息资源和网络建设工作中，要增强信息安全意识，注重对上网信息的审查与管理，防止失密、泄密事件的发生。档案部门要严格遵守相关的安全保密制度，严格审核上网的档案目录和全文信息，严禁非公开的档案信息上网共享。对于上网的档案目录或全文信息，要做好数据备份和迁移等工作。

第三，制定严格的工作人员安全管理制度，对工作人员加强安全教育，使其明确自身安全责任，建立安全监督机制。同时，建立工作过程的状态网络，跟踪记录工作人员的操作过程。此外，还可以通过制度管理和系统控制，杜绝人为安全事件的发生。

关于网络安全保障策略，现在谈论最多的就是防火墙。实际上，防火墙技术就是通过改造网络拓扑结构，隔离各种服务类型来加强网络安全的一种服务手段。它所保护的对象是网络中有明确闭合边界的一个网块。也就是说，它保护一个仅供内部使用的网络环境，它的防范对象是来自被保护网块外部的对网络安全的威胁。由于不少厂家推出一体化的防火墙产品，因此防火墙在许多人的脑海里常常会被想象成一台机器或是一个软件。其实不然，一个真正的防火墙实际上是一套系统，是由一系列软硬件产品再加上一定的网络拓扑结构设计而构成的。同时，对于档案管理信息系统而言，安全处于重要位置。为此，笔者在对各厂家的安全策略进行深入了解的基础上，针对档案管理系统对安全的特别要求，设计符合自身实际情况的防火墙结构，构建档案局域网与单位办公网的连接，在实现文档一体化和与档案形成部门互通信息的条件下，实现对档案管理信息系统和原始档案信息服务器的安全保护。

6.系统规划

档案信息化的系统建设，必须保证档案管理信息系统和档案共享信息系统两个方面的功能需求，才能充分满足对档案信息资源的收集、管理、开发和利用。

（1）档案管理信息系统

保证一个大型用户内部有行之有效的管理机制和运作模式，同时将各种因素有机结合贯穿起来，最终形成一个能够准确、高效地体现用户档案管理整体发展战略和管理策略的闭环正是档案信息化系统方案的目的所在。为此在遵循档案管理的原则、借鉴国外同行业先进经验的同时，结合中国档案信息化建设的实际情况，提出特有的档案管理信息系统的框架体系。

档案信息化系统方案具有三个层次，这三个层次依次递进，互相支持，能够为一个大型用户逐步建立起准确、高效的数字化档案管理系统，充分发挥档案工作在用户和信息社会中的重要作用。此外，这一系统将现代信息技术与档案管理结合起来，为档案数字化、管理信息化打下坚实的基础。

第一，业务核心层。业务核心层以文档管理系统为核心，辅以分类管理、授权管理、应用程序集成和报表分析。业务核心层的功能是将一个大型用户的各类档案联系起来，形成一个服务网络，支持业务过程集成，支持文档信息的集成化管理。在业务过程中完成文档的收集和维护，对业务工作提供一定的信息支持，使授权人员可以获得支持管理业务过程中的实时文档数据，有助于规范用户档案的管理。

档案信息化系统方案能够实现对档案的自动发送、接收、归档和保存等任务。通过自动化扫描中心，档案信息化系统可以实现文档的自动扫描和建档。此外，档案信息化系统对文档的分类管理遵循国家对档案的分类规定，以保证文档能被快速查询。

档案信息化系统方案可以和许多常用的外部接口进行集成，高效地利用有效的信息资源，实现数据高速安全地交流、共享，使数据能够得到最大程度的共享和利用，避免信息孤岛和资源重复浪费的现象。

档案信息化系统方案采用严密的档案保密等级制度和严格的授权管理制度，通过对系统内容的权限设置，可以控制用户对系统的任何按钮、菜单、分类、字段的操作权限，同时也可以控制用户是否可查看、编辑或打印文档，保证了有关涉密档案的高度保密性和最大可能的共享性。

档案信息化系统方案支持各种档案检索方法，同时提供全文检索功能，而且能对各种类型的档案按照工作需求进行分析，能为用户领导决策提供较强的辅助作用。

第二，业务运作支持层。业务运作支持层以工作流和组织管理为核心，利用工作流管理，采用用户的组织模型，分配各种任务，使得各种业务活动可以自动流转，并且系统可以记录每一步工作任务的完成状况、完成时间，保证档案管理工作的完备性。

组织管理提供了工作流自动运作的基础。通过对组织管理的设置，档案信息化系统方案可以基于一个大型用户的组织模型，进行自动的业务流转，使得整个用户的档案管理工作处于循环有序的状态，有助于实现档案宗卷的"创建—提交—审批、鉴定—归档"这一系列的处理过程。此外，工作流的处理可以根据文档的状态网络自动调整，也可根据实际工作需要灵活设置，大大减少了传统档案管理进行归档处理所需要的时间。同时通过业务工作流，档案信息化系统方案可以将业务活动中产生的各种文档进行归档，如领导批阅等，保证了档案管理工作的及时收集、归档，极大提高了档案管理工作的效率。

第三，档案信息浏览层。档案信息浏览层为用户提供了最简单和方便的方法，档案信息化系统方案通过和网络的集成，使得领导、员工等都可以很方便地通过网络进行档案查询和浏览，无论身处何地都可很快浏览到所需要的各种档案信息，而核心层的授权管理保证了每份档案的安全，使得被授权的人可以方便地查询各种数据，而没有被授权的人则无从查看。

建立文档管理系统是档案信息化系统平台的一个核心基础，信息系统必须实现对文档的全过程管理，包括从文档创建到文件归档的整个文档生命周期管理。此外，文档管理系统还有文档状态记录等功能。

同时在档案管理中的状态管理可以对每次状态的改变都有日志记录（包括修改者、日期、时间等），而且从文档的状态网络中可以看出一个文档的整个生命周期流程，它还可以和工作流相关联。当然，文档的状态网络是根据用户使用文档的实际情况自行定制的，它能真正体现不同行业和单位相同文档的实际应用和不同授权的要求。

（2）档案共享信息系统

实现档案信息资源的共享是档案信息系统建设的根本目的，建设档案信息网是实现档案信息资源共享的有效途径。各地应根据国家档案信息化建设的统一部署，分阶段、分区域、有步骤地推进全国档案信息系统建设。

第一，建设虚拟专网。全国各级综合档案馆要做好馆藏所有文件级目录的建库工作，将现有目录数据库实现馆际间的共享，建成虚拟专网，供连通电子政务内网和馆际间查档使用。

第二，建设档案信息网。以公众和广大档案工作者为主要服务对象，以公布已公开现行文件和开放档案为主要内容，有计划地、确保安全地上传开放档案目录和档案全文信息，向社会提供网上查询和利用服务。

## （三）档案信息化规划的思路

档案信息化应用系统的使用者多是专门档案管理机构的工作人员。对于档案馆（室）而言，只有不断完善信息基础设施，推广、普及信息系统，推进管理和业务的综合集成，使工作人员熟练使用档案信息化应用系统，才能走出一条科学高效、扎实稳妥的信息化建设之路。

### 1.加强基础设施建设

不断完善档案信息基础设施建设，为信息化铺"路"。档案信息基础设施主要包括：交换机、路由器、高性能服务器、大容量存储和备份设备，以及操作系统、高可靠性的信息安全系统、数据库管理系统等。经过多年的建设，很多单位都建设了局域网，甚至是连通分支机构的广域网。但也有许多单位仍然停留在网络上面传新闻、电脑当打字机用的水平，许多业务工作仍然是手工或者单机系统，更没有实现工作流程的综合集成。如今，不是所有信息化的投资都能取得应有的效益，因此档案信息化的工作仍然任重而道远。完善信息基础设施建设，重点在于建立满足应用需求的网络。主要从三个方面来考虑：

第一，档案部门的局域网与办公自动化同步建设。要把档案信息化纳入国家信息化的总格局中，保持协调、同步发展。各单位在建设办公自动化系统的同时必须考虑文档一体化管理的要求。

第二，建设好档案网站。目前，很多档案部门都建设了自己的档案网站，为档案网上利用提供了方便。但问题也不少，不少网站更新慢，内容单一，访问量低，形同虚设。

第三，要有长远打算，把建设数字档案馆作为今后的工作目标。

## 2.落实信息系统的使用

推广、普及、深化档案管理信息系统的应用，为信息化造"车"。档案单位除了应具备完善的软硬件基础设施，并对其进行规范化管理和精细化使用，还需要有先进、实用、可靠的档案管理软件系统，包括办公自动化系统和档案管理信息系统。满足档案管理综合业务和局部业务需求的各种类型的档案管理系统是管理永久档案信息的软件载体。而办公自动化系统是满足人们办公事务、处理共性需求的工具软件，它能够满足行业或单位内部所有人员的应用，是实现管理和业务信息交流、连接管理决策行为与实际业务数据的纽带，能够将所有人员和工作联结为有机的整体；它与档案管理信息系统满足业务部门、业务人员办理业务的需求不同，与档案管理信息系统既相对独立又紧密联系，既分工负责又互为补充，是档案形成阶段的系统载体。归档过程就是将办公自动化系统中管理的数据迁移到档案管理系统中，因此在信息系统建设和使用过程中应将这两大类系统区分开来。

"管理和决策"是各项工作的核心，所有业务和人员总是围绕着各级领导的"管理和决策"而展开工作，各类计划、方案、通知、命令是指导和开展业务工作的依据。这就决定了管理和决策需要大量实际业务数据的支持。办公自动化系统的使用不能停留在利用网络收发电子文件的传统层次上，档案管理信息系统的使用也不能停留在仅仅记载和查询档案目录信息的层次上。它们的功能不仅要包括公文管理、档案管理、信息发布、值班值勤、会议管理，以及人员、车辆、物品管理等基本功能，而且要突出即时通信、流程化管理、知识管理、内容管理、信息共享、协同工作、预警预测等高级应用。我们要充分利用现代信息技术发展的成果，将档案信息系统的应用上升到与信息时代、信息技术水平相适应的层次。

## 3.推进档案管理的现代化

推进档案管理的现代化，为信息化造"车"装"货"。通常比喻网络为"路"，数据库为"车"，信息为"货"，"路"因"车"的存在而具有实际价值，"车"

因"货"的存在而具有实际意义，"货"因"路"和"车"的存在而能够发挥其作用，要实现"路""车""货"的安全有序，就必须建立、健全和严格执行"交通法规"规章制度。信息基础设施是为信息化应用服务的，因而应用十分广泛且富有现实意义。信息化应用是指行业、单位内档案管理由软件管理系统来实现。广义的档案管理应包含收集、鉴定、整理、组卷、利用等。档案信息化的最终目标就是要充分利用现代信息技术和平台，改造传统档案管理的模式，从而提升档案管理水平，提高档案信息的价值和作用。规范、健全的信息化管理制度的制定与执行是档案信息化发展的催化剂，是实现档案现代化管理的必要手段。多年的经验告诉我们，依法管档的高素质档案工作者才是信息化、现代化管理的掌舵手。

### 4.实现信息共享，支持辅助决策

信息化建设的成功经验告诉我们，单机的、单一的信息不能共享，不考虑纵向、横向业务集成的软件系统，难以满足今天档案信息化的诉求。那样只会形成信息化环境中林立的烟囱、信息的孤岛，给业务融合和数据整合再造障碍。实施管理与业务综合集成，为档案信息化建设营造可持续发展的空间才是档案现代化管理的高级阶段，是继办公自动化系统、档案管理信息系统之后，集成各种信息资源，实现档案现代化管理的最终目标。通常的综合集成是将已有的软硬件资源整合成一体化的档案管理信息系统，形成相互配套、互联互通的有机整体。而作为信息化的综合集成，仅停留在这个层次上是不够的。它不仅要实现办公事务、业务处理的集成，更要着眼于管理和决策的需求，在顶层应用的需求牵引下，在业务流程的总体框架内，综合集成软硬件、网络资源，为管理提供手段，为决策提供支持，为整个行业或机构科学、高效运转提供信息化平台。

围绕以上四部分内容开展档案信息化规划，档案信息化将能够取得实质性的进展，档案信息化的总体效益将得以充分显现，国家的经济、社会信息化将经过建设期而步入成熟的应用发展期，使档案信息的数字化管理、网络化共享、知识化开发满足信息社会的需要并在经济、社会发展中起到更重要的作用。

# 第四节　档案信息化建设的
# 必要性和核心

随着数字化时代的来临，档案信息化建设也步入了快速通道。管理微机化、馆藏档案数字化、信息共享化，已成为当今档案工作发展的趋势。

## 一、档案信息化建设的必要性

### （一）形势发展需要

当今时代是信息时代，档案是信息时代的重要组成部分，数字化是档案信息化的重要手段，这就要求档案工作在收集、保管、保护和利用手段等方面作出调整，能够更好地去适应社会发展的形势。

### （二）档案安全保障的需要

传统载体档案在数字化后，要进行封存管理，将来的整理、编目、统计、查阅、编研、开发等各项工作都可不再动用档案，以大大减少各种人为、自然因素对档案的伤害，大大提高档案的安全系数，从而保障档案实体的安全。

### （三）社会需求强烈

人们的时间观念越来越强，对档案信息需求量不断增加，如婚姻档案、退休职工档案等，这就要求加快档案信息化建设。此外，有些偏远农村的群众来县城查档十分不便，费时又费力。县档案馆可开通县乡异地查档功能，这样可以方便群众查档，使乡镇群众能直接在本乡镇查阅档案，不用再跑去县城，充分发挥档案信息化的作用。

## 二、档案信息化建设的核心

档案信息化建设的核心是档案数字化。

### （一）数字化工作为档案信息化提供数据生命

对于档案信息化来说，数据就是一切，就是档案信息化的生命。谈到档案的数据，就离不开档案数字化工作。以某县档案局为例，其早就启动了数字档案馆项目，陆续通过数字档案馆软件、硬件项目以及档案数字化扫描项目的建设，建立数字档案馆管理系统（包含数字档案室系统），同时投入大量人力、物力积极开展档案数字化工作。在档案数字化过程中，严格按档案信息数字化的三原则：规范性原则、安全性原则、效益性原则，严把质量关。此外，还对馆藏档案进行全文信息的数字化扫描工作，用了 3 年时间完成县档案馆所有馆藏档案约 30 万卷（件）的数字化工作，为档案的保存和开发利用打下了扎实的基础。

### （二）档案数字化是传统档案的一次变革

在档案数字化的过程中，许多档案单位会对传统载体档案原件进行相应的整理、编目、统计、修复裱糊等各项工作，等于说把原始档案通过技术手段再重新修整了一次，并且在完成数字化以后，对原始档案进行封存管理，从而减少对档案的各种人为损害或自然侵害，这也大大提高档案的安全系数，更好地保障了档案的安全。开展档案数字化工作，实质上是向数字化要安全、要效率，用数字化保安全。

# 第五节　档案信息化建设的总体原则
# 与其中存在的问题及对策

　　档案信息化建设作为我国档案管理的整体形式之一，充分展示了我国档案管理未来的发展趋势。尤其是在我国社会现代化水平不断提高的背景下，档案信息化建设有助于内部档案的长期保存，其作用和重要性已充分体现。

## 一、档案信息化建设的总体原则

　　开展档案信息化建设工作应该遵循的总体原则包括总体规划原则、分步实施原则、需求驱动原则和突出重点原则。

### （一）总体规划原则

　　档案信息化建设涉及社会的每一个组织单位，社会的每一个组织单位都必须根据国家的信息化战略与目标来制定自身的信息化战略与规划。因此，档案信息化的总体规划必须纳入每一个组织单位的信息化战略规划中。

　　档案信息化总体规划的制定必须围绕以下几方面展开：

　　1.要明确档案信息化在整个信息化战略中的作用和意义

　　档案信息是信息化战略对信息资源进行开发利用的基本资源和原生信息源，档案信息化又是信息化时代的必然趋势。

　　2.要确定档案信息化的基本目标

　　面对新的形势和发展要求，我们应明确，档案信息化建设的基本目标是：积极采用和充分利用先进成熟的信息技术、完善的基础设施，满足各级档案部门信息化管理的需要；优先开展案卷级、文件级机读目录数据库建设，稳步推进传统载体档案数字化建设，高度重视电子文件归档和电子档案接收工作，努力建设全面反映过去和现在国家和社会面貌的档案数字资源体系；深度介入各类信息化系统，研究提出文件、资源的档案化管理要求，确保电子档案来源可靠、管理可信、长期可用；努力促进信息化与档案管理各环节业务工作的高度融合，使信息化成为提升档案管理水平、适应时代发展需要的基础性核心手段。

3.要研究和确定档案信息化的设备和保障条件

档案信息化的设备和保障条件包括网络平台建设（档案管理局域网）、服务器及其备份设备、终端计算机（工作站）、扫描中心的数字化设备、数据库和相应的管理软件、技术保障条件和人力资源、工作场地和经费投入保障等。

4.要建立档案信息化评价指标体系

要想建立档案信息化评价指标体系，须从信息技术应用的广度和深度、档案信息资源开发应用的前景、信息安全措施、信息化人才需求与开发、信息化的组织和控制，以及档案信息化的社会经济效益评价等着手。

此外，还要按照工程建设模式确定实施措施、步骤和工作计划。制定科学、合理的档案信息化总体规划，必须不断更新观念、与时俱进，广泛调研、明确需求，立足现实、着眼未来，大胆创新、充分论证。

## （二）分步实施原则

档案信息化是一个长期而复杂的系统工程。档案信息化总体规划要立足现实、着眼未来，绝不是一蹴而就的事业。因此，档案信息化必须采取分步实施的原则。

档案信息化是一个系统工程，其各项建设内容有着内在的逻辑关系，这也是分步实施原则的又一个重要依据。

1.根据档案信息化总体规划拟订具体的分期实施方案

分期实施方案要充分考虑国家信息化战略实施进程、档案管理和发展需求、经费投入保障、技术支持能力、人力资源状况，以及工作环境等因素。在此基础上，按年度拟订出具体的工作计划、项目组织和控制措施。

## 2.搭建系统运行平台

系统运行平台包括信息处理平台和信息交换平台两部分。档案管理信息系统应充分考虑档案信息的特殊性和绝对安全性的需要，要做到与内部自动化办公网络相连接，同时要与公众网络实施最有效的网络安全隔离设计方案。一般而言，档案信息扫描和处理、归档信息交换、档案数据存储和备份（迁移）等只能在内部自动化办公网和档案管理局域网中运行，相应的档案信息处理和存储设备也必须是专用的。只有可以向社会公开的档案信息才能通过与公众网络的连接实现社会化共享。系统软件的选择必须充分满足档案信息管理和管理系统的需要，如电子文件的逻辑归档、数据库（数据仓库）的建立、档案信息的目录查询和全文检索、多媒体信息支撑、安全管理和数据备份等。

## 3.建立管理制度和业务标准

传统的档案管理制度已无法适应档案信息化的需要，因此建立新的管理制度和业务标准是很有必要的。例如，电子文件管理办法、元数据标准、逻辑归档的操作规范、安全管理体系等。业务标准是信息化建设、信息技术应用的重要基础和准则，它包括技术体系、工作体系、组织体系和工作规范等方面，一般根据国家、行业和地方的标准规范并结合本单位的发展需要来制定。

## 4.队伍建设和业务培训

档案信息化对有些档案管理人员来说是新事物，为了确保技术应用和档案信息的知识化、社会化开发，必须打破传统的档案管理队伍建设模式，要更加注重人才素质的培养，更加注重队伍的多学科知识结构和梯队结构的合理性。档案信息化是档案管理现代化的必然趋势，档案管理的专业化不能削弱，因此面对档案信息化挑战，必须加强专业队伍的信息化知识和技能的培训，使工作人员更新知识结构，增强信息技术应用能力。

## 5.积累档案数据资源

积累档案数据资源的方法有很多，如将现行的电子文件通过逻辑归档方式收集和处理，将现行纸质文件通过扫描中心电子化，将传统馆藏档案进行全文数字化处理。此外，还可按照档案分类原则建立数据库或数据仓库，为档案信息的共享和开发积累资源。笔者认为，最大限度地进行各管理和业务部门所有现行档案系统数据的集成，进行软件和各专业管理系统的整合，建立起有效的数据集成系统也是很有必要的。

**6.开放档案共享信息和开发辅助决策管理系统**

档案信息化的目的主要表现在两方面：一方面是深入、广泛地开发利用档案资源，最大限度地提高档案的利用价值，为社会提供更多的信息资源，使开放的档案资源知识化、社会化；另一方面是有效提升档案管理的基础性作用和地位，充分发挥档案信息在管理活动中的辅助决策作用。因此，档案信息化的核心工作便是档案共享信息系统的建立和开放，辅助决策管理系统的开发和应用，档案信息知识化的编研和开发。档案信息的共享必须高度重视保密鉴定和授权管理，辅助决策管理系统，注重科学体系的建立、数学模型的构建和确保信息的及时维护。

分步实施要实行分阶段的综合建设策略，对硬件、软件、人力资源等进行同步建设，做好电子文档收集、馆藏档案数字化的基础数据准备等工作，逐步实现系统资源共享、档案信息开发利用和知识化管理目标。

## （三）需求驱动原则

信息化是时代的发展趋势，而每一个单位都有着行业发展需求和自身的现实条件，信息化战略的制定和实施必须遵循需求驱动的原则，因此档案信息化也必须充分考虑现实的需求，依据现实的条件和需求来制定规划，拟订实施方案。此外，要处理好现实需求与未来发展、建设能力与拓展空间、人力资源与现实信息技术水平之间的关系，遵循科学的发展观，实现可持续发展。

## （四）突出重点原则

档案信息化是一个庞大的系统工程，无论是系统平台的搭建、信息化设备的购置，还是档案资源的数据积累和集成、档案信息的开发利用，只能根据现实需要和条件确定重点，进行分阶段的重点建设，特别是在如何深入、广泛地开发和利用档案信息资源方面，更应该坚持突出重点的原则。总的来说，实现自动化网络办公的文档一体化和建立档案目录检索系统是档案信息化管理的基本要求；馆藏档案资源的全文数字化、已开放档案的全文共享和建立辅助决策管理系统是档案信息化的高层次目标；建成数字档案馆和数字资源共享中心，实现档案管理的现代化是最终目的。

# 二、档案信息化建设中存在的问题

我国档案管理信息化建设的发展势头较快，然而发展却很不均衡，存在一些问题需要解决。与其他行业的信息化建设相比，档案信息化建设中还存在着以下几个方面的问题：

## （一）体制机制制约问题

### 1.工作体系欠缺严谨

如今，我国大部分省市已经建立信息化建设和电子政务建设领导小组，但具体工作体系没有完全建立，相关业务信息只是单独的条信息，没有形成相关面信息，缺乏管理。

### 2.系统建设体系有待整合与统一

档案信息化建设受资金来源、各部门利益等的制约，系统建设体系有待整合与统一。此外，各地中标的软件模块设计不同，数据标准也不通用，各地档案信息网络无法实现互通，因此系统建设体系的整合与统一是很有必要的。

### 3.远程认证体系有待发展

档案远程认证体系能方便群众远距离查找利用信息，能够让各单位足不出户地利用档案。但目前，不同地区档案远程认证体系还没有完全建立起来，仅在政务大厅和区域内综合档案馆之间有局部认证协议，基层单位还没有。

## （二）信息资源整合问题

### 1.技术及业务壁垒方面的问题

如今，许多业务部门不重视信息资源的高效配置与整合，因此存在许多问题。基于宏观角度来看，档案资源体系建设无标准且清晰的战略规划为指导；基于行业环境来看，档案资源过于分散；就内部管理来看，馆藏内部管理模式过于简单、藏用本末倒置；就技术手段来看，信息技术相对落后，存在安全隐患。此外，有些电子式档案信息来源不明确。

### 2.资源整合的困难

档案资源整合过程中容易出现各单位各自为政、资源分散、重复建设、信息孤岛等问题。档案资源整合是一项费时费力费心的工作，信息安全也存在隐患，各单位积极性也不高。大部分数据目前属于脱机备份状态，没有联网，难以真正实现网络信息资源共享。

### 3.开发利用程度不高

由于各档案部门开发积极性不高，许多已经形成的电子资料长期处于闲置状态，没有被深层次的开发和利用，也就没有因信息整合产生的新资源，就更不可能形成较大的效益。

## （三）档案数字化水平发展不平衡

档案信息化建设是一个高投入的过程。在信息系统的推广应用方面，需要投入长久的时间，其间又面临系统淘汰升级、人员更换、资源不及时存储、归档遗漏等情况。基层档案信息化建设总的来说处于中低水平，不太完善，与资金和人才资源密集发达地区的档案数字化进程差距较大。综上可知，档案数字化水平发展不平衡。

## （四）档案信息远程利用能力有待提升

首先是制度性因素和认证困难。其次是档案保密与公开方面的问题。在实际工作中，由于信息量较大，相关部门管理标准不同，信息格式、存储方式不同，存档单位配合不到位，能够公开可查的信息资源非常有限。有些地方远程认证系统建设严重落后，自然，信息远程使用率也较为低下。笔者认为，要想推进档案信息化建设，提升档案信息远程利用能力是很有必要的。

# 三、档案信息化建设中存在问题的对策

## （一）必须转变观念

要想搞好档案信息化建设，必须转变观念，使档案信息化工作由纸质档案手工整理的方向过渡为计算机自动化管理模式，并加强标准建设，由国家或者省市一级建立一个相对固定的标准数字库，统一规定档号的设置、字段设置、档案的分类等，然后再按专业的档案门类进行细分，这样所有的档案数据都可以非常方便地导入、导出。

## （二）着重加强档案队伍建设

要加强档案工作人员的责任心、素质、安全意识的教育，制定完善的档案管理制度，把各项制度落到实处；要有针对性地对档案数字化加工企业和基层立档单位档案员进行专门培训，使其不仅要做好档案实体整理的工作，更要了解档案信息化的过程，了解各种档案新载体的物理性能，掌握基本的网络安全策略和知识；建立现代化档案管理人才的培养制度，培养掌握档案知识、计算机管理知识、信息安全知识等的高端人才。

### （三）加强档案新技术的应用

档案馆应尽量把主动权掌握在自己手里，通过对档案中介企业的扶持与引导，使企业做大做强，进而促使企业投入更大的人力、物力来开发档案新技术，促进档案事业现代化发展。

档案信息化工作是一个庞大的系统工程，在推进中会遇到各种各样的困难。面对诸多问题，我们一定要不断探索和研究新方法，分析新形势，推进档案信息化进程。

# 第六章　档案管理与数据库建设

## 第一节　档案管理系统软件

随着现代科技和生产的发展，档案数量急剧增加，档案利用率不断提高，凭传统的手工整理、档案检索进行档案管理已无法满足社会需要。如何能够以较少的人力、物力更好地整理、加工档案信息，为利用者提供准确、快捷的服务，已成为亟待解决的问题。

计算机具有运算速度快、精确度高、逻辑判断能力强、存储量大、容易操作、能够实现网络化多媒体管理等特点，所以利用计算机管理档案，是解决上述问题的有效途径。

计算机管理档案的实质就是用数据处理的方式管理档案信息。利用计算机进行加工处理的档案信息称为档案数据。计算机通过一定的规则对档案数据进行收集、整理、分类、存储、鉴定、保管、统计、编研、利用等，最后输出需要的信息，为利用者提供优质服务。

## 一、档案管理软件的功能

我国档案部门应用计算机辅助档案管理已有多年，研制开发了大量的应用软件，对于提高档案管理现代化水平起到了积极的作用。但是，应用于辅助档案管理的软件系统究竟应该具备哪些基本功能，以前很长一段时间没有一个统一的要求。这就引起了多方面的问题，如：重复性开发时有发生，其中低水平重复现象较多；不少软件在功能设置方面有问题；对软件系统的鉴定和评价缺少一致且相对稳定的评测依据，降低了这些工作的权威性。这一方面造成人、财、物的大量浪费，另一方面也阻碍了全国档案管理现代化水平的提高。有关部门在进行业务指导的过程中遇到这类问题时也很难发表明确的意见，各地基层的人员对此反映也很强烈，因此制定出台关于计算机档案管理软件功能要求方面的规章制度是很有必要的。笔者认为，制定出台关于计算机档案管理软件功能要求方面的规章制度有一定的意义。例如：加强宏观管理，促进计算机辅助档案管理的规范化发展，使其更符合实际工作的要求并跟上相关技术的发展；为档案管理软件的开发提供功能设置的依据；与其他法规和标准配套，使计算机档案管理系统的开发工作科学化、标准化、规范化；为计算机档案管理软件的质量管理提供测评依据及合理的技术指标。

在进行档案管理软件功能设置时，要考虑到不同类型的档案管理对软件功能要求的差别。例如：机关档案管理侧重于档案管理与文档一体化功能；企事业档案管理侧重于档案管理与生产、经营、管理、科技活动的衔接；综合性档案管理侧重于档案保管、利用统计、借阅管理等。

档案管理软件各具体功能的要点如下：

## （一）数据管理功能

在规定了常规的建立、修改、删除等功能基础上，还专门确定了数据应采用 DBF 格式，因为这种数据格式被所有主流数据库管理系统兼容。这些指标的确定一般是满足应用要求的下限，利于实现合理的技术设备的成本投入。另外，还对其他种类信息的格式也作了规定，如文字形信息采用 XML 文档和 RTF、TXT 格式，扫描图像数据采用 JPEG 或 TIFF 格式，视频数据采用 MPEG、AVI 格式，音频数据采用 MP3、WAV 等格式。这些格式的确定为档案信息的传输、交换和长期保管及有效恢复创造了条件。

## （二）整理编目功能

这部分功能要求突出了文档一体化的管理，对电子文件自动归档操作中包含的主题词设置、自动标引及归档涉及的封面、表格自动打印等作了规定。这些规定把计算机辅助档案管理中已广泛应用、可以高效率完成的功能正式确定下来，有利于发挥计算机的效能。

## （三）利用查询功能

这是计算机辅助档案管理中的最常用的功能。随着科学技术的发展，如今的软件对全文检索和图、文、声、像一体化检索功能提出了要求。

## （四）辅助实体管理功能

这部分功能对综合性档案馆、机关、大型企业和企业集团档案管理部门是很重要的。辅助实体管理功能包括档案征集、接收、移交、鉴定、密级变更处理等，还要求对上述处理的时间、来源、数量、种类、载体、人员等进行管理。这些功能利于把与此相关的工作较系统地纳入计算机的自动处理流程。

## （五）安全保密功能

为确保档案信息的安全，要求档案管理软件的研制、安装、运行必须符合国家的安全保密规定。因此，应使软件系统达到相应的安全保密等级，以确保能在安全基础上采用新技术提高工作效率和工作质量。

## （六）系统维护功能

这部分功能主要是针对保证系统的可维护性、可运行性设定的。其中的权限管理、运行日志管理等，不仅是重要的安全措施，也是使软件系统适应电子文件管理的重要要求，兼顾了电子文件管理发展对软件的要求。

## 二、档案管理软件的组织体系结构

系统体系结构从整体上说来是二层结构与三层结构的结合，应用表示层与业务处理层的相互渗透较深。系统基本上采用组件技术进行系统的构造。系统组件分为核心（基本）组件和扩展组件。组件的整体设计思想是：对业务中基本的、一致的处理进行分类、提取，使其成为核心组件；将各个独立的、不一致的处理提取为扩展组件。核心系统主要通过组装核心组件形成；扩展的产品系统通过核心组件与扩展组件组装而成。

在一个特定问题领域，不同的行业、地区的用户需求基本上是一致的，表现在计算机系统中就是应用表示层、业务处理层及数据存储层基本上也可以是一致的。但对于文档管理这样的领域，其空间与范围比较大，而档案工作的标准化还不够完善，对于单一或某类用户来说，需求常带有一定的特殊性，所以不一定要求实际的产品系统能覆盖各个领域，而是要求包含领域中一个相对完整的子域。即便是对同一问题的处理，不同用户的需求也可能有差异（例如对某项权限的控制）。因而用一个应用系统来覆盖整个领域较为困难。解决该问题的办法之一，就是"软件复用"，即在运用某类用户的软件基础上进行修改以适用于另一类用户。实践证明，在特定领域内软件复用较容易获得成功。另一种方法是，采用可变参数的通用性设计，开发难度较大，同时用户在使用前必须设定自己的参数，这对用户来讲增加了一些工作量。以上两种办法都比较常见。

系统化的复用将为软件企业在竞争日益激烈的市场上赢得有利的地位，因此对软件复用的研究和实践越来越引起学术界和产业界的高度重视，直接面向系统化复用而提出的"领域工程"也日益成为目前软件工程领域的一个重要研究方向。一般认为，领域工程是为一组相似或相近系统的应用工程建立基本能力和必备基础的过程，它覆盖了建立可复用的软件构件和构架的所有活动。领域工程实施的目标是产生 DSSA（Domain Specific Software Architecture，专门领域软件体系构架）。DSSA 最外显的组成部分是"应用构架库"和"软件构架库"。

# 三、档案管理软件测评方法

由于软件的测评是以较全面的实测数据为依据的，所以具有客观、严格的特点。常规的科研成果鉴定主要是依靠专家的学识，对科研成果的创新性、先进性、适用性以及推广效益等方面进行评价，有其权威性，但是也有一些局限性。例如有时难以排除某些人为因素的不利影响，成果的内在质量、推广过程中为用户提供的服务等商品化的属性难以确认和评价，何况有些软件并不属于科研成果管理范围，自然不需要通过成果鉴定这一形式来认定其优劣，如果是软件产品就必须有规范的质量检测。而软件测评则弥补了这种不足。

档案管理软件的测评遵循一套以质量认定为主的规范化的方法。测评涉及的功能度、兼容性等方面是在与国际标准、国家标准及其他一些关于软件开发的常用技术规范总体兼容的情况下，根据计算机管理档案的要求进行归纳确定的，指标得当、包容面宽，既适应计算机技术的发展，又适应档案管理的实际情况。

## （一）功能度测评

功能度测评主要是考察软件的实际功能是否符合国家要求，与其标称功能的吻合程度，及该类软件应具有的常规功能是否齐全。作为一个软件的内在质量保证，应当做到所标称的功能都能正常运行，而且使用者所需要的功能也基本具备，这样才能保证具有较广泛的适用性。所测软件中与标称功能不一致的情况较少，但是某些功能存在缺陷或有所夸大的情况较常见。例如，有的软件标称的档案自动标引功能就把处理速度描述得很快，正确率说得很高，但是实测时因达不到指标，这往往会被扣分。而另一些软件则把这类功能指标、运行的限定条件和注意事项等描述得较为客观、清楚，这样就较少被扣分。有的软件尽管内在功能不错，但由于开发前调研论证欠充分，忽视了某些常用功能，推广起来不会太顺利，因此也会被扣分。例如对于文书档案一体化的软件，就应把计算机辅助立卷、文书与档案机读目录格式的互相转换等功能作为常规功能。

### （二）兼容性测评

兼容性测评主要是考察软件在其所标称的多种硬件或者软件环境支持下的运行状况，及该类软件在所推广应用的范围内的常见机型上能否正常运行。这是直接关系到软件推广应用的重要方面，也是实测中存在问题较多的项目。总的来看，软件对主机硬件的兼容性较好，但在软件环境的兼容性上存在的问题就多一些。尤其是在对汉字环境的要求上，标称的多种汉字平台中常发现有一些软件和设备不能完全兼容。而对一些外围设备的兼容性就更差一些。例如一些带有光盘设备的图文系统，除主机有选择余地外，像扫描机、光盘驱动器等必须专配。对于网络系统来说，还要求图文信息的传递转换设计周到合理，才能体现出较好的兼容性，多媒体系统中的问题就更多。另外，从测评的情况看，为保证兼容性，使用的软件工具和平台并不是越新越好，应当在成熟性和先进性上统筹考虑才较为合理。

### （三）速度测评

速度测评主要是考察软件运行中的数据库打开时间、数据查找时间、数据删除时间、索引时间、数据汇总时间、报表生成时间、打印时间，以及完成编目、联机检索、图文传输处理等特定功能目标所需要的时间。速度指标主要是从档案管理的实用要求来确定的，同时还要兼顾计算机技术的发展情况。例如对于联机检索则要求达到"瞬时"指标，即少于 2 秒钟，而对于编目等批量信息处理则可延长至几十秒钟，甚至按分钟计算，如果附带有较复杂的排版编辑功能，时间还可以放宽。从实测情况看，软件平台应与硬件系统相适应，才能达到较好的速度指标。对于图文信息的处理，尤其是在网络环境下，考虑到档案用户的一般经济承受能力，速度指标适当放宽。

实测中可以看出，由于计算机的数据库管理系统的发展与改进，再加上计算机存储器的容量已经足够大，所以纯顺序结构的数据文档已很难见到，而普遍采用了较先进的索引技术，于是软件算法的改进对提高速度指标的余地已经不大，加快信息处理速度将主要依靠计算机中央处理器的改进。

### （四）易用性测评

易用性测评主要是考察软件的易安装性、易操作性、操作引导的清晰程度、在线帮助信息的完整性、人机对话界面的合理性和易懂性、用户自定义功能的便利程度等。在实测中发现这类指标常被扣分，而且商品化程度高的软件与自用的软件在这项测评中的差距很大。一些开发应用软件经验丰富的公司和新技术掌握较快的大学、研究机构所提供的软件在这项测评中占有较大的优势。推广的实际情况也反映出易用性好是用户乐于接受该软件的重要条件。那种具有自动引导安装、自我说明完善、在线帮助完整、操作简便的软件是软件商品化的一种标志。

### （五）容错性测评

容错性测评主要是考察软件对各种误操作及不合理使用方式的屏蔽和示警能力。近几年，开发的软件在容错性方面的进步是很大的，送测的软件在这项测评中多数有较好的表现，尤其是对于档案数据录入中的误操作及属性自动识别和限定功能，已经是一种常见的容错性设计。但是，对错误信息的处理方式上，有不少软件欠妥当。有的软件示警信息说明不够清晰完整，有的软件不能保留或返回原现场。这种情况属于反应失当，实测中也常把这种现象当作由误操作引发的软件故障。分析起来，这种情况也可能是软件开发者对所使用的工具软件或平台缺乏深入了解，过分依赖这些环境提供的出错处理功能造成的。

### （六）安全可靠性测评

安全可靠性测评主要是考察软件对非授权用户的识别与抵制、对网络非法用户侵入的防范、口令密码设定与管理的严密程度、数据传输加密和解密的安全性、对极限使用方式和极限环境的适应性、硬件和软件运行的故障率等。笔者在实测中发现，多数软件考虑到了这类功能，但是又或多或少存在问题。例如一些软件开发者对防止非法拷贝采取的措施较为严密，但是为用户提供的信息安全保密方法却非常简单。不少系统只设置了普通口令，而对系统维护性操作未划分权限，这样会造成很大的安全隐患。一些系统设置的对使用过程自动记录和建档的日志功能很好，但对这类信息未做加密处理，也未采用隐蔽性保护措施。而网络系统的安全可靠性设计上问题就更多。这是因为网络上的信息库必须按共享要求设计，提供公共接口、遵守通信协议等。许多设计者对网络的安全隐患的严重性缺乏足够的认识。

### （七）数据结构的合理性测评

数据结构的合理性测评主要是考察软件所建立的数据集的逻辑结构和物理结构在满足功能要求的情况下是否合理、是否与国家标准兼容，数据操作是否简洁、高效，操作权限是否明确，各种派生数据集生成是否方便、网络环境中的数据集分布与流动是否合理等。数据结构设计好坏往往决定了系统整体技术指标的高低，这也是档案管理软件的重点测评项目。这主要是因为档案信息量很大，只有做到数据的逻辑结构和物理结构均合理，才能保证系统高效、可靠。测评中发现的主要问题是，一些系统的数据记录过分依靠数据库管理系统提供的现成定长结构，这种做法固然省事，但会造成较大的存储空间的浪费。还有的软件所建立的数据库结构过于零散，不能体现出较完整的结构关系。例如，有的软件按档案分类建立多个子数据库，可是检索时按分类检索的情况又很少，这必然对多数检索的效率产生不良影响。此外，一些常见的问题是图文系统普遍把机读目录放置在硬盘上，而把与之对应的图形信息存在光盘上，形成索引文件、目的信息的分离。这种状况发展下去，在数据量多到一定程度时，就会形成多个硬盘文件对应多个光盘片的复杂关系，必然会对信息维护、交换和长久保管带来不利影响。

### （八）资料的测评

资料的测评主要是考察软件操作使用所必须具备的资料是否完整、清晰、可用性强。对于软件开发过程生成的资料不作为测评重点。其实在实测中，通过对操作手册的检验也可以间接看出软件的开发是否规范。这项测评也可以说是区分商品化软件与一般自用软件的标志。

从送测的资料可以在某种程度上区分软件从论证、开发、调试、维护等方面的差别。那些管理科学、工作程序严谨、技术水平较高的软件在资料测评中均会有较好的体现。而那些开发水平较低或自用的软件，资料也往往粗糙，而且漏洞较多。较普遍的问题是资料偏重指导操作，缺少系统维护或故障对策等方面的内容。

在进行了上述全部项目的测试后再汇集起来对软件做一个总体评价。

## 四、档案管理软件测评的作用

下面，笔者重点介绍几个档案管理软件测评的作用：

### （一）为软件的推广提供了可靠的依据

国家档案局在筹划和开展测评工作时明确地把着眼点放在软件的筛选和推广上。经过测评筛选后达到优秀和良好等级的软件无论是内在质量，还是展示出来的外在形象都体现出较高的水平。

### （二）对软件开发起指导作用

与其说测评是对软件开发结果的评价，不如说是被测软件进行改进的起点和过程。一些软件开发单位在送测前就很详细地了解了测评的内容和要求，送测后又对测评中发现的问题认真地修改，然后继续送测，使测评实际上成了提高软件质量的重要手段。实测中能一次达到优秀的可能性极小，最终能达到这一等级的单位往往都有精益求精的态度和坚韧不拔的精神。

### （三）对软件的商品化起促进作用

商品化的档案管理软件应当是什么样的，通过测评方法的制定，对其提供了较规范的模式。可以说，测评方法将影响今后的档案管理软件的开发工作，使"手工作坊"式的软件开发向规范化、集约化、社会化的方向发展。当高质量的商品化软件大面积推广之时，那种低水平重复开发软件的现象自然会得到抑制，这将大大节约档案部门的人力和资金。

## 五、我国档案管理软件的应用现状

如今，许多档案管理软件得到了广泛应用。下面，笔者重点介绍一下档案管理软件在综合档案馆、高等院校、大型企业、医疗机构等的应用现状。

### （一）在综合档案馆中的应用现状

综合档案管理常常集多种不同类型档案管理于一身，具有海量数据储存以及信息发布和网上利用等各项功能。在当前的综合管理档案之中，全文检索时间非常长，而且存在着系统瘫痪的情形，这与档案数据量过于庞大以及软件系统设计程序存在关联。此外，许多综合档案管理系统开发的功能较为简单，这与档案馆工作人员的工作思想和观念存在一定关系。除此之外，综合档案馆内部软件与辖区外的软件之间难以实现数据的有效连接，这主要是由于软件设计模块以及储存结构等都不够规范。

## （二）在高等院校中的应用现状

有些高等院校对于档案管理工作的重视程度并不高，其所使用的档案管理软件是多年前的版本。调查发现，当前高校的档案管理工作人员长期使用同一款软件，但由于高校档案管理工作具有一定的规律性，再加上当前技术人员对于软件的长期维护，因此软件在功能以及性能方面基本上可以满足高校工作人员的工作需求。但是当前高等院校的档案管理软件依旧存在以下几方面的问题，例如全文检索时系统出现了不稳定的状况，同时在批量挂接功能中也存在着标识符号，没有考虑到学生识别的问题，有些功能在执行的过程之中可能会出现一些错误，这与软件自身以及程序的编写不够完善有关。

## （三）在大型企业中的应用现状

在当前的大型企业之中，有些企业所用的档案管理软件是直接从其他的软件商手上直接购买，也有一些企业是自主研发档案管理软件。对于自主开发的企业，由于研发人员对于业务流程非常熟悉，因此在开发设计过程之中，可以与档案管理人员进行及时沟通，这一类软件往往可以很好地满足企业的实际需求。在将软件投入安装使用之后，研发人员也可以根据工作的新要求以及新情况做好维护和修正，可以随时修正软件应用中出现的各种问题，这样可以最大程度地满足企业在档案管理工作中的需求。但是，如果企业直接从商业公司购买档案管理软件，则常常需要与商业公司进行对接，商业公司对于企业的各项档案管理工作不熟悉可能导致企业在使用软件的过程中遇到一些问题。通过分析大型企业在应用中出现的问题，笔者发现很多大型企业在使用档案管理软件时都存在着如果有多个用户同时使用，就容易导致系统瘫痪的情况，而且存在着系统维护不方便、售后跟进不及时、功能不能够完全满足工作需求等一系列问题。

### （四）在医疗机构中的应用现状

在医院内部，档案管理工作长期得不到足够重视，导致医院的档案管理软件在功能方面与医院的实际工作存在差距，例如医院现有的档案管理系统之间难以进行对接，甚至没有实现自动化的管理。医院缺乏专业的管理人才，对于档案业务缺乏有效的认知，不能够准确地提出档案管理软件的需求，所以导致一些软件在设计之时就可能存在缺陷。在进行全文检索之时，系统稳定性并不高，常常会出现黑屏的现象。除此之外，有些工作人员的档案管理知识较为匮乏，这在一定程度上也会影响到档案管理软件功能的实现。

## 六、选择档案管理软件的注意事项

选择档案管理软件时，应注意以下几点：

### （一）标准与规范性

档案管理软件应符合档案的相关规范、标准，包括著录标准、信息分类和主题词标引规则、整理标准、数据交换标准、电子文件存储标准等。

### （二）灵活性

不同国家、行业、地方标准存在一些差别，包括灵活的实体分类、标准著录与动态著录、报表灵活设计与输出等。

因此，选择档案管理软件时，要允许用户根据自己的需求灵活选择操作系统、数据库、单机网络环境、体系结构等。

## （三）可扩充性

随着业务的发展，用户会有新的需求，包括新的档案管理方式、更高级的计算机体系结构、更大的存储空间等，档案管理软件必须能够方便地扩充才能满足新的业务需求。

## （四）安全性

安全性主要表现在以下三方面：

### 1.存储的安全性

数据需要长期保存，数量大，数据整理和录入花费巨大，系统必须提供多种存储备份方式，保证数据的安全；数据要有相应级别的安全管理措施，防止被非法修改、删除，保证数据的原始性。

### 2.存取的安全性

档案数据中涉及单位和国家的机密，系统必须提供访问的权限控制。

### 3.传输过程中的安全性

档案数据在传输过程中要保证安全。

## （五）检索效率

检索效率主要表现在检索方式和速度上。

### 1.检索方式

查询用户水平参差不齐，思维习惯各有特点，系统需要提供灵活的检索方式。

### 2.检索速度

随着系统的使用时间加长，档案数据量不断增大，系统要保证数据量的增大不会降低检索速度。

## （六）开放性

档案产生于各业务部门，计算机档案管理系统与许多系统之间都存在必然的联系。档案系统中的数据要能和其他系统无缝衔接，如办公自动化系统、计算机辅助设计系统等。

## （七）易用性

档案数据各种操作都应当便于掌握、易于操作。

# 第二节　档案数据库

档案信息资源建设是档案信息化建设的核心任务，是档案信息化建设取得实效的关键。加强档案数据库的建设与应用，加快推进档案信息资源的整合与共享，是摆在档案工作者面前的一项至关重要而又十分迫切的任务。档案数据库建设的效率和质量，是检验档案信息资源开发利用程度的一项基础指标，也是衡量档案信息化发展水平的一个重要标志。

## 一、数据库的构成

数据库是按照数据结构来组织、存储和管理数据的仓库，是一个长期存储在计算机内的、有组织的、可共享的、统一管理的大量数据的集合。数据库技术产生于 20 世纪 60 年代末 70 年代初，其主要研究如何存储、使用和管理数据。随着计算机硬件和软件的发展，数据库技术也不断地发展。经过数十年的发展，数据库各方面的性能有了长足的进步，建立了较完整的数据库理论体系。数据库技术的应用使信息系统有了一个可实际运行的存储、维护信息和向应用系统提供数据的软件系统。档案数据库的建设与应用，为档案信息资源的建设和管理奠定了坚实的技术基础。

数据库系统是存储介质、处理对象和管理系统的集合体。它通常由软件、数据库和数据管理员组成。在不引起混淆的情况下，数据库系统有时也被称为数据库。

数据库系统的软件主要包括操作系统、各种宿主语言、实用程序以及数据库管理系统。

数据库是依照某种数据模型组织起来并存放于二级存储器中的数据集合。这些数据为多个应用程序服务，独立于具体的应用程序。数据库由数据库管理系统统一管理，数据的插入、修改和检索均要通过数据库管理系统进行。

数据库管理系统是一种系统软件，它的主要功能是维护数据库。对数据库的维护包括保持数据的完整性、一致性和安全性。

数据管理员负责创建、监控和维护整个数据库，使数据能被任何有权使用的人有效使用。

数据库系统要完成的工作包括：

第一，建立数据模型，使用户可以根据数据模型访问数据库中的数据（如检索、插入、删除和修改），而不必关心数据的物理存储位置。数据模型要能反映各种数据之间的内在联系。

第二，将数据有组织地存放在存储设备上，并建立数据模型到物理存储位置的对应表（这种对应称为映射），使系统能够按照用户的访问请求，找到被访问数据的存储位置。建立数据模型和设计数据的物理存储（组织）方法，其目的是方便用户使用数据，这与数据的存放位置和存储结构无关。后者的变动不影响前者，这称为数据独立性。

第三，数据库系统要为不同用户确定不同的访问权限并进行访问控制。

第四，提供以数据库为基础的各种应用服务。

上述各种功能都是在数据库管理系统的统一管理和控制下实现的。数据库系统需要设立数据库管理员，负责协调和监视数据库的使用，一旦发现违反安全保密要求或性能下降的现象，应立即采取相应对策。

至此不难理解，数据库系统是实现有组织地、动态地存储大量关联数据，支持多用户访问的计算机软、硬件资源及数据库管理员组成的系统。

# 二、档案数据库建设的原则与基本程序

利用现代信息技术，将档案信息和档案的管理信息，按照一定的规则和格式转换成数字信息，建立起档案信息资源数据库。档案数据库，从广义上讲，就是以特定方式组织起来的档案数据集合。具体来说，档案数据库就是为满足多个用户多种应用需要，按照一定的数据模型将本单位所保管的档案信息存储在计算机中以备使用的数据形式。

档案数据库的应用能够实现对数据的集中化控制，将所有相互联系的数据集中在一个数据库中进行统一的维护和管理。数据的格式最好有统一的标准，便于大批量录入、修改及检索。档案数据库的应用便于不同用户从中取出所需的部分数据。集中化管理避免了相同数据的重复出现，减少数据冗余和存储空间的浪费，提高了检索速度，加快了数据共享。数据库系统的最重要的一个优点就是数据与应用程序相互独立，这保证了各类应用程序对数据的需求，有助于实现数据共享，有助于充分发挥档案数据库的作用，还有助于提高档案的利用率。

## （一）档案数据库建设的原则

档案数据库的建设应符合国际和国家规则，便于管理、传输、检索，符合档案著录规则，易于维护，通用性强，便于各系统应用及联系。具体来说，档案数据库建设的原则包括以下几个方面。

### 1.规范化原则

档案数据库如果不规范,比如数据著录项目的字段名与字段类型及著录项目的总数等各不相同,就会阻碍档案数据库的规模化、网络化利用。坚持规范化原则,有助于扭转数据格式和元数据不统一的局面,从而建立一个操作性强、适用面广、科学实用的档案信息资源数据库系统。

档案数据库的规范化直接关系到档案信息资源检索体系的统一,它涉及档案业务工作的许多环节,概括起来主要有三个方面:①档案著录标引规范,以保证各级档案部门所生成的档案信息条目一致、准确及具有自我说明力;②档案数据库结构规范,确保各级档案部门所生成的档案机读目录具有统一的检索与交换格式;③档案计算机管理软件开发技术规范,用于构建统一的信息平台,将各级档案部门所生成的档案机读目录集成于一体。

档案著录必须统一规范,否则就会出现同一事物或同一人物具有不同的名称,而不同的事物或不同的人物却具有同一名称等一系列问题。这种同一检索点的条目前后不一致的现象,会对档案机读目录数据检索和利用的质量和效率产生一定负面影响。

统一档案机读目录数据库结构,对于档案信息化和网络化建设具有至关重要的意义。数据库结构的统一,可用于消除档案资源数据库联网检索数据对接时出现的不规范现象。统一使用规范化、标准化的机读目录数据库格式,有助于简化网上的档案机读目录数据交换与检索,从而能够使来源不同的数据库很容易地结合在一起,有利于在网上对档案机读目录信息的规模化利用,发挥整体信息资源体系的优势。

### 2.检索优先原则

数据库建设旨在提供丰富的信息资源,实现资源共享,尤其是在网络环境下必须拥有完备的检索功能体系。检索界面应简洁明了,易于操作,提供多途径检索,如主题词、责任者、分类号等,并能实现各项相互间的"与""或""非"的逻辑组配检索,也要能实现标引词的位置算符检索,从而在一次检索结果的基础上实现多次循环检索,以提高查全率和查准率。数据库还应根据用户的要求，提供多种显示输出方式，以便用户根据自己的需要挑选满意的信息输出形式。

此外，还要注意规范的标引体系系统。数据库信息检索的实现以其对信息的标引为基础，以检索软件为依托，在网络条件下进行资源共享。所录入的档案信息等有关信息的标引必须统一规范与标准，实现与因特网上信息资源检索的接轨。实现对档案信息规范化的标引必须以一定的"分类法"与"词表"为基础。前者是实现对档案知识学科的标引，后者是实现对档案的主题内容的标引。所以，应该根据有关标准，实现用户理想的检索效果。

**3.可持续发展原则**

可持续发展原则首先是数据的可持续发展。档案馆保存的大量档案资料是天然优势，能保证数据库的数据来源不断。数据源是数据库建库的根本，也是不断丰富完善数据库数据的关键。其次是数据库系统的可持续发展，随着技术与需求的发展，数据库要不断更新。最后是数据库开发在人力和经费等条件上要有所保障，决不能半途中断，这是数据库开发的基本保障。

## （二）档案数据库建设的基本程序

**1.前处理工作**

**（1）档案信息的收集**

网络中的档案信息的主要来源是传统档案的数字化和电子文件。除此之外，一些档案机构和管理部门也是数值数据和事实数据的重要来源。在建立相应的数据库时，必须首先确定档案信息的收集范围和来源，按要求进行全面的收集。

**（2）档案信息的前处理**

这是一项基础工作，为数据库提供经过加工处理的数据。主要是将档案的内容特征和形式特征著录、标引出来。著录标引必须达到规范化、标准化的要求。这是建立数据库的必要过程，也是保证检索质量的前提条件。

（3）确定数据结构

这项工作主要由技术人员根据档案人员提供的著录信息来完成。

**2.数据采集、录入、校对工作**

将档案信息前处理的结果转化成机读数据。录入过程需要较严格的校对审核。如审查字段的数据形式是否正确，字段长度与确定的结构长度是否符合，各种标识符号是否有误等。其中还可能包括对不同格式的数据进行转换等工作。

**3.数据质量验收、汇总、入库和网络发布**

由于计算机硬件不断更新，计算机网络技术迅猛发展，数据库系统发生着很快的变化。其中最主要的变化就是数据库产品具有了网络连接性。我们利用网络作为查询和发布库中数据的手段，数据库方式成为网络信息资源组织与发布的重要方式。对于档案信息资源来说，数据库也是其在网上的有序组织形式。数据库是信息资源存储和开发利用的基础，是信息资源共享的先决条件，是信息系统的核心。数据库技术与网络技术的融合极大方便了档案信息的管理与开发利用，提高了档案工作效率。因此，许多档案机构都把数据库建设作为当前档案信息发布的核心工作。档案数据库建设越有成效，网络档案信息管理与服务也就越有保障。

# 三、档案数据库建设质量保障措施

档案信息资源是档案信息化的核心和基础，必须采取措施保证档案数据库建设的效率和质量。

## （一）认真做好工作流程调查，确定工程深度和进度

在档案数据库系统建设过程中，如果一个工程没有总目标和当前工程要达到的目标，那么工作人员往往缺少计划性，想到哪干到哪，到处打补丁做改动，

甚至会使施工周期不断延长。因此，要做好数据库系统，一定要明确工作流程，明确流程的每一步都要干些什么，画出明晰的工作流程图，严格按流程图组织施工。这样做既便于实施人员按既定的明确思路工作，易于控制系统的整体质量，也可以尽快看到工作的成果，对系统进行评价，提出下一阶段的工作目标，进而逐步实现整个系统需求中提出的目标。

　　档案数据库建设是一个极为庞大的系统工程，也是一项长期的持续性任务，需要的人力、物力、财力很多，不可能一蹴而就。因此，抓好推进策略是保证其实施成功的关键所在。

### （二）做好新开发数据库的检测工作，避免工作漏洞

　　做好新开发数据库的检测工作，也就是说对系统进行分调和总调，解决各种技术问题，使之达到系统设计要求的各项指标，从而实现各项功能，弥补在系统设计中的考虑不周之处，使系统能够正常运行。

　　按照系统设计的要求对档案数据库系统进行测试，是一个不可缺少的环节。测试的内容在系统设计中应有明确规定，大体上包括：功能测试、数据完整性和准确性的测试、安全测试、系统响应时间的测试以及各项错误信息的保护功能的测试等。根据测试结果和试运行的实际情况对档案数据库系统进行评价。任何一个数据库系统都是人为工程，人为造成的缺点或漏洞难以完全避免。有些对系统正常运行有影响的问题要及时发现，立即改正。有些属于需求分析中的疏漏但又不影响系统使用的问题，可以等到系统更新时再解决。

### （三）重视数据库运行和使用人员的培训工作，确保数据库的使用寿命

　　当被使用后，软件就进入运行维护阶段。该阶段的主要任务是使软件持久地满足用户的需求。由于使用者水平参差不齐，许多使用者不会熟练运用数据库系统，所以必须加强培训，提高使用者这方面的能力。由于信息技术的飞速

发展，培训应是多方面的，不仅是简单的系统操作能力，还应该包括计算机操作系统使用能力的培训。经过这样的培训，使用者对系统不再只是简单地掌握，还能够对计算机系统的使用方法有比较深入的认识，这样当系统技术有所变化的时候就能较好地应对。只有这样，档案数据库系统才能在整个生命周期内正常发挥作用。①

## 四、档案数据库总体设计方法

### （一）根据档案信息管理特点进行系统分析

在设计一个有效档案数据库时，首先要了解档案数据库系统中设计的情况和档案数据处理过程。例如：有关档案管理系统的限制和档案管理目标方面的资料，包括档案管理的目标，以及处理方式、硬件的选择和对设计数据库的影响；档案数据库数据的描述方法及其数据之间的关系，各项数据项的大小和数据量，用于完整性、可靠性和保密性的一些规则；档案数据处理的要求，依照数据使用方法对数据量、频度、使用先后顺序和性能等进行控制。

### （二）建立概念模式档案数据模型

在以上阶段分析系统需求工作的基础上，建立一个数据库的概念模式，即分析档案系统限制及每个用户的信息要求和处理要求，清除冲突和数据之间的差异，最后综合成一个概念描述档案数据库，从而理解档案数据库系统的各种处理要求和限制。概念性模型是用户和设计人员之间的桥梁，一方面它是明确表达用户需求的一个模型，另一方面又是设计档案数据库的基础。

---

① 黄亚军，韩国峰，韩玉红：《现代档案信息化管理与建设研究》，吉林人民出版社，2022。

### （三）实现档案数据库的逻辑设计和物理设计

在确定档案数据库的基本要求和处理方法之后，应用数据库管理系统如 FoxPro、FoxBASE 等应用软件，输入概念模式的数据库结构，在具体设计过程中还应充分了解档案管理中的表格应用，如档案日常管理中案卷目录、卷内目录的打印格式，借阅登记和各类统计报表的管理等。在档案数据库设计过程中应考虑到系统的完整性、一致性、可恢复性、安全性和可扩充性等问题。此外，还应考虑到时间、空间、效率、维护代价和各类用户要求等，从而进行权衡，其结果可能产生多个方案，在权衡数据库管理简易和用户使用方便等方面后，再选择一个较优的方案实施。

## 五、档案数据库的数据准备

档案数据库作用的发挥，最重要的问题就是档案文献的数据准备，也就是著录与标引工作。没有好的机器设备和优秀软件，就难以达到很好的检索效果，然而即使有了好的设备和优秀的软件，没有相当数量的规范化的档案文献信息输入计算机，仍然难以形成一个实用的档案信息资源数据库系统。许多档案馆（室）购置了计算机，准备或正在建立档案数据库，但是档案的整理和规范化工作跟不上，工作就很被动。例如，二次文献的准备工作大都是手工操作，影响了录入速度和质量，使机器"吃"不饱，出现了所谓数据加工"瓶颈"问题。因此，研究解决档案数据库数据的准备方法就成了档案数据库建设过程中迫切需要解决的问题。

### （一）档案数据库数据准备的几个误区

第一，按照相关规定标准进行著录，将原有检索工具全部废弃，一切从头来的误区。由于这种认识的误导，加之档案著录本身要求很高，许多单位便产生了畏难情绪，这影响了档案著录工作的开展。实际上，现行的案卷封面、案卷目录、全引目录、专题卡片、人名卡片的著录项目5～12个不等，有很多项目与规定的著录项目相同或大体相同，只要我们对原有检索工具稍加改造或增补，其是完全可以符合要求的。

第二，档案著录标引必须一次到位的误区。在这种观念的影响下，很多单位的档案著录工作进展十分迟缓。实际上，档案著录标引工作较难的只有两项，就是标引"分类号"和"主题词"，各单位完全可以根据实际情况，跳过这两个难点，待条件成熟或经验丰富后再补标。

第三，关于著录、标引可使检索准确率、网罗度达到100%的误区。规范档案著录标引工作，与原有著录标引工作相比，在检索准确率、网罗度方面，已是质的飞跃，至于要求检索查全率、查准率达到100%的提法，是不现实的。至于标引到何种深度，检索准确率、网罗度多少为宜，应根据各档案馆（室）的实际情况而定。

## （二）档案数据库的前期准备工作

要建立档案数据库，必须做好前期准备工作。档案数据库的前期准备工作主要有以下两点：

### 1.加强标准化、规范化建设

档案工作标准化体现在各项基础业务建设中。基础业务建设达不到标准化、规范化的要求，往往直接影响档案著录标引工作，影响档案数据库的建立。关系档案数据库建立的标准化工作主要有两项：一是全宗划分问题。尽管制定了有关规范，但由于多种多样的原因，很多单位还没有按规范要求完成全宗调整工作，以至于影响了整个基础建设的开展。全宗是档案馆管理档案的基本单位，全宗没有按标准划分和管理，全宗不固定，档案馆的其他工作就无从谈起。二是档号问题。关于档号，存在的主要问题是不按规范要求进行编制，存在重号、漏号现象，特别是目录号的编制问题较多。档号不固定，等于档案的位置不固定，档案数据库就无从建立。因此，应加强档案整理工作，搞好档号编制，固定档案位置，为档案著录工作的开展奠定基础。

### 2.培养一支较高水平的著录标引专业队伍

要搞好档案著录工作，建立档案数据库，关键是要大量培养档案著录人才，没有大量的档案著录人才，档案著录工作是搞不好的，甚至还会走弯路，这也会造成人力、物力、时间的极大浪费。

## （三）档案数据库数据准备的方法

除常规的著录标引方法，即按要求开展标准著录之外，档案数据库数据准备还有以下几种方法：

### 1.改造原有检索工具

原有的检索工具虽不规范，但并不意味着必须废弃。这些旧式检索工具也是多年辛勤劳动的成果，为档案开发利用工作也做出过一定贡献，有的仍不失为一种较为实用的检索工具。假如把旧的检索工具全部推倒，重新搞标准著录，则会造成很大的浪费。因此，改造利用原来的检索工具，按照相关要求，填平补齐缺少的主要项目，能够更好地达到新的著录要求。

### 2.探索和实践自动标引方法

档案主题标引采用人工标引方法，对标引人员要求很高，而标引的速度和质量却难以保证。面对这种情况，探索和实践档案自动标引方法不失为一种好办法。

### 3.采用直接录入法

直接录入法即录入人员或著录标引人员将档案文件的有关著录项目和主题内容直接输入计算机，而不再摘著录卡片或著录标引工作单。这种方法的优点是省去了一些工作环节，录入速度大大加快；缺点是对录入人员或著录标引人员的要求更高了，即不但要会操作，而且要熟悉著录标引的有关规则。因而，直接录入法普及的难度较大。

**4.改革现行的编目方法和格式，实行编目和标准著录一体化**

改革现行的编目方法和格式，实行编目和标准著录一体化即在文书立卷后期，编制案卷目录、卷内文件目录和全引目录时，按相关要求将编目和著录工作同步进行，案卷目录格式采用要求的书本式案卷级条目著录格式，卷内文件目录格式采用书本式文件级条目著录格式，全引目录则将两种格式综合。这样，不但减少了工作程序，避免了重复劳动，而且为实现机关档案管理现代化打下了基础，同时也可减轻档案馆现行档案著录工作的压力。

# 第三节　电子档案管理模式

电子档案的形成是与机构业务活动的开展同步进行的，它们总是真实而客观地反映着机构业务活动的全过程。科学地管理好各类机关、企事业单位电子档案，不仅对于本机构信息流的合理控制和有效利用具有明显的实际意义，而且对于电子时代建立完整可靠的社会记忆、推动整个社会的信息化进程也具有重要的作用。由于各类机构业务范围的不同，不同的电子档案在种类、内容上存在很大差异，从而导致不同机构的内部电子档案管理模式可能不同。从目前来看，机构内部的电子档案管理模式大体上有以下几种。

## 一、双套制管理模式

现在不少机关、企事业单位形成电子、纸质两种文件：其中有些文件只有电子形式，如数据库等；有些文件只有纸质形式，在将电子文件制作硬拷贝后电子版本即被消除；也有些文件同时以两种形式存在。同时保留两种文件的机构，对二者的处置方法也不一样：有的按照传统的做法把纸质文件归档保存，电子文件由形成者自行处置；有的将电子文件与纸质文件分别集中保管于信息技术部门和档案部门，将纸质文件归档后作为档案，将电子文件视为资料；也有的机构将两种文件双双归档，形成了两种介质的两套档案，具体做法是现行机关将电子文件以纸张和数字化载体，如磁盘、磁带、光盘等，制作双重备份，并分别归档管理，形成两种介质、两套同一内容的档案。

以数码或符号进行存储传输的电子档案，可以通过网络进行传递和交流，管理上更为灵活，并可实现更大范围的档案信息资源共享。所以，为了满足用户的利用需求，对电子档案进行脱机保管也是一种必然趋势。因此，在保障法律作用的前提下，充分利用现有资源、融合两者优势来服务社会是不错的做法。

双套制管理的特点是避免两种载体的不足，充分发挥各自在档案管理上的优势：电子档案脱机保存便于查找利用等服务；纸质副本则便于档案的长久保存，并可在电子环境出现障碍时做补救之用。这是在文件介质转化时期不可避免的一种现象。可以预见，这种模式将会在相当长的一段时间内存在，这是由几方面因素共同决定的。

档案管理的方向是逐渐转向电子化。计算机技术的不断发展可能会促进档案现代化的进程，然而载体稳定性的验证、保密措施的研究、现代化技术的适应过程、地区发展差异的平衡、法律地位的确立等问题的解决均需要较长的时间来完成。

两者在转化的过程中仍有不少技术上的问题有待解决。双套制的管理对象在相当长一段时间内将是电子档案与纸质档案并重，其工作方式和手段是计算机和手工同时并进。从长远来看，档案管理将朝着以电子档案为主、以纸质档案为辅，以计算机为主要方式和手段的方向发展。随着技术的发展和各方面条件的成熟，越来越多的电子文件能独立转化为电子档案，但硬拷贝仍将是一种安全的备份形式。

双套制带来的直接影响是需要建立两个管理系统，二者既有联系又各有特点，这给各级档案管理部门提出了许多新课题。原则上，电子档案的管理应纳入现行的档案管理体系，能够并轨的就并轨，如统一进行价值鉴定、著录标引等；不能并轨的就分别操作，如分别保管、分别利用等。特别需要在两个系统之间建立通道，使人们可以容易地从一种档案找到相同内容的另一种档案，以便在有关业务处理上协调一致，并方便利用。

## 二、一体化管理模式

电子文件的产生，使一体化管理真正成为可能。文件与档案是同一事物的不同存在阶段，它们在物质形态、社会本质及其所含信息的本源性上是完全同一的，两者只有运动阶段的区别而无本质的不同。传统档案理论把文件的归档作为文件与档案的分界线，对其进行分别管理，这种做法在手工操作时期可能具有一定的合理性。但电子文件的产生，使文件与档案的界限模糊了。因为从文件的起草、传输、办理到归档、鉴定、整理、保管以及再利用，均可以通过电脑网络进行，即文件工作与档案工作在同一工具上连为一体。这样，前阶段文件的质量就会直接决定后阶段档案的质量。仍沿用过去的文件与档案两段管理方式，不仅割断了两项工作的内在联系，而且有悖于利用先进技术提高工作效率之初衷，无论在理论上还是在实践中都是难以成立的。

实际上，电子文件的大量出现及其长久保存的需要正在促使多年来提倡的文件、档案一体化管理进入实质性阶段。电子文件的全程管理和前端控制，都是孕育和植根于这种一体化管理模式的管理策略。在电子文件的全程管理中，计算机软硬件的配置、网络和节点的规划、文件格式和数据库结构的确定以及索引的编制都需要从文件形成阶段开始统筹设计，电子文件的归档、整理、鉴定、著录、生成元数据等大量的档案管理性工作也需要在文件的形成阶段或运转阶段进行。因此，电子档案的管理必须选择文件、档案一体化管理模式。

电子文件、档案一体化管理的最佳实现方式是建立功能涵盖电子文件整个生命周期管理活动的电子文档一体化管理系统。在该系统内，有统一的工作制度、统一的工作程序和统一的控制中心。但需要指出的是：这种一体化系统绝不是文件管理与档案管理功能的简单叠加，而是在全程管理和前端控制原则指导下对整个管理流程的重构。这一系统的目标是在文件处理过程中形成电子文件，将文件处理与档案管理连成一个有机整体，提高部门之间协同工作的能力，从整体上提高机构的办公效率。

文档一体化系统将文件管理和档案管理同时纳入统一的管理系统内，使原本相对独立的、又在不少环节上雷同的两种管理体系真正从组织制度上和工作程序上交融在一起，消除重复劳动，以发挥系统的整体功能，求得系统的最高效率。

从理论上说，文件、档案一体化管理不仅包括机构内部对处于现行、半现行期文件的管理模式，还应该包括对处于非现行期的电子档案管理。也就是说，一体化的范围应该设定在电子文件生命周期的全过程。档案馆对电子档案的管理要求也应该渗透到机构电子文件管理体系之中。然而，一体化还只是适应档案和档案工作知识技术含量不断提高的一种新型管理方式，它的发展和完善还需要一个过程，还有待于技术的提高、制度的完善以及各方面人士的共同努力。

## 三、电子信息资源综合管理模式

电子信息资源综合管理模式是文档一体化管理模式的进一步扩展，也就是我们通常所说的图、情、档一体化管理模式。

现代信息技术的进步促成了各类信息资源管理活动的集成发展。特别是网络的诞生，为电子信息资源综合管理模式的建立与实施提供了良好的契机。在网络环境下，用户的需求越来越高，他们需要在网络上获得的是最终的信息内容，而不仅是获取信息的线索。这就要求图书、情报、档案部门相互协作，提供包括情报、资料在内的电子信息一体化的信息服务。

### （一）电子信息资源综合管理的理论基础

电子信息资源综合管理的理论基础是信息资源管理理论。信息资源管理这一概念最初来自美国联邦政府官方的文件和档案管理部门。信息资源管理的高级阶段是知识管理。该理论将档案文件、图书期刊、情报资料都视为重要的信息发生源，并认为它们在信息构成中属于原生信息的范畴。这些观念已得到普遍认同。

信息资源管理理论提示我们：组织内部形成、运用的各类信息资源，包括文件、档案、图书、情报、信息系统、信息人员等，应该整合起来进行综合管理，形成一体化的信息系统网络，为完成组织目标服务。在知识管理的大背景下，欧美档案工作者不仅将档案信息视为一种重要的战略资源，而且重视档案信息在物质、技术管理与决策层、管理层和操作层与其他信息管理的整合，实现了档案管理与其他各类信息在管理上、功能上的集成与聚合。而在我国，档案信息与其他各类信息的综合集成管理远未完全实现，信息资源管理期望实现的数据处理人员、电子工程师、人事官员、市场营销专家、计算机程序员、战略规划者、记录管理者、档案馆工作人员、图书馆工作人员和情报专家等的功能聚合与集成也未完全实现。档案信息的开发利用远未达到用科学方法把客观知识元素有序组织起来，形成专门提供知识集合的知识服务水平。所以，在网络环境下，我国档案部门的信息工作不能仅立足于内涵的开发，还需要做好外延的扩展与连接。换言之，档案工作不仅要搞好自身信息的开发，还要与图书、情报等信息工作协同衔接，建立信息一体化管理模式，以实现信息资源的优化配置。

要实现电子信息资源综合管理，建立信息中心不失为一种好办法。目前，国内外许多公司都已采取建立信息中心这种办法来提供包括档案、图书、情报在内的综合信息服务。笔者认为：党政机关的一体化宜以文档一体化为重点，以确保机关管理职能的履行；企业则宜以多种信息资源管理一体化为主体，建立统一的信息中心和信息系统，文档管理系统可以成为其子系统之一。

从长远发展看，网络化是文献信息工作，包括文档一体化管理系统的发展趋势。网络时代的文档管理，必将是与多种信息进行整合的全面一体化管理。就像有位奥地利学者指出的那样：电子文件保管程序作为一种单独的应用程序正在逐渐消失，它开始越来越多地与其他应用程序一体化，信息管理与文件保管将最终合并，档案部门将因此而变成一个区域性和国际性的文化网络。

## （二）电子信息资源综合管理的原则

电子信息资源综合管理是一项十分复杂的管理活动，必须符合电子信息资源运动的客观规律。一般来说，电子信息资源综合管理必须遵循如下基本原则：

### 1.共享原则

电子信息源于社会，是全社会的宝贵财富，理应为全社会所利用。电子信息利用得越广泛，其资源作用就会发挥得越充分。随着信息社会化和社会信息化，电子信息量空前增长，更新周期加快，任何单一机构的信息接受能力和经济承受能力已无法满足社会发展的需要。共享原则要求电子信息资源综合管理建立完备的社会化的信息资源保障体系和高效的信息流通、传递与利用体系作为其重要内容，通过有效的管理，保证电子资源为人们最大限度地利用。

### 2.系统原则

要真正发挥电子信息资源的综合利用，就必须使全社会的电子信息资源，包括各行业、各种类型以及各种渠道获得的电子信息资源，按照系统科学的要求，形成一个相互联系、相互作用的系统。要做到这一点，就必须打破互相封锁、条块分割、各自为政的状况。只有这样，才能使电子资源管理做到整体大于部分之和。系统观点是电子信息资源综合管理不同于以往信息管理的最大特点，它将使电子信息综合资源管理获得新的生命力。随着社会信息化水平的提高，信息环境更加复杂，影响因素更多，电子信息资源综合管理坚持系统原则就更加重要。

### 3.科学原则

科学原则是指电子信息资源综合管理要遵循信息运动的客观规律，体现信息管理的特殊性。电子信息资源综合管理要真正使信息服务于社会，发挥资源作用，就应当要求整个信息运动过程，从信息源到信息的收集、处理、存储、传递、利用乃至反馈，都必须是真实、准确、可靠的。

信息具有很强的时效性，过了一定期限，其效用就会减少、丧失甚至为负值。电子信息资源综合管理只有抓住升值期的信息，并且在该时间上有一个超前量，才能在激烈的竞争中立于不败之地。科学原则还要求电子信息资源综合管理必须从实际出发，根据用户的实际需要，本着实用和发展的原则，确保信息管理的最佳效用。

### 4.安全原则

随着现代信息技术的飞速发展，信息的安全问题逐渐突出，涉及的领域广泛、因素众多。电子信息资源综合管理要强调人的因素和提高人的素质，加强制定信息活动的规范化准则，如信息伦理、信息法律等，从新的角度进行综合防范和治理。

总之，在网络环境下，档案部门一定要建立高效率的档案管理信息系统，并让此系统与其他信息系统相连接、相互兼容，共同分享信息处理的结果，在更高的程度上实现信息资源的共享，以满足社会更高层次的信息需求。

# 第七章　信息化时代下的档案管理

## 第一节　信息化时代下
## 档案管理的安全措施

### 一、档案信息网络安全

档案信息网络安全是指网络系统的硬件、软件及其系统中的数据受到保护，不因偶然的或者恶意的原因而遭到破坏、更改、泄露，系统连续可靠正常地运行，网络服务不中断。档案信息网络安全是档案信息安全的核心内容和关键，也是档案信息化建设的前提条件。它包括档案信息网络运行安全和档案信息网络上的信息安全。我们可以通过各种计算机、网络、密码技术和信息安全技术（如访问控制、通信加密、识别和鉴别、防病毒等），保护在档案信息专用网络及公用通信网络中传输、交换和存储信息的机密性、完整性和真实性，并对档案信息的传播及内容具有控制能力。

#### （一）访问控制技术

访问控制是网络安全防范和保护的主要策略，它的主要任务是保证网络资源不被非法使用和非常访问。它也是维护网络系统安全、保护网络资源的重要手段。各种安全策略必须相互配合才能真正起到保护作用，但访问控制可以说是保证网络安全的核心策略之一。

### 1.入网访问控制

入网访问控制为网络访问提供了第一层访问控制。它控制哪些用户能够登录到服务器并获取网络资源，控制准许用户入网的时间和准许他们在哪台工作站入网。

用户的入网访问控制可分为3个步骤：用户名的识别与验证、用户口令的识别与验证、用户账号的缺省限制检查。3道关卡中只要任何一关未过，该用户便不能进入该网络。

对网络用户的用户名和口令进行验证是防止非法访问的重要防线。用户注册时首先输入用户名和口令，服务器将验证所输入的用户名是否合法。如果验证合法，那么用户才可以继续输入口令，否则，用户将被拒绝接入。用户的口令是用户入网的关键所在。为保证口令的安全性，用户口令不能显示在显示屏上，口令长度应不少于6个字符，口令字符最好是数字、字母和其他字符的混合，用户口令必须经过加密。加密的方法很多，其中最常见的方法有：基于单向函数的口令加密，基于测试模式的口令加密，基于公钥加密方案的口令加密，基于平方剩余的口令加密，基于多项式共享的口令加密，基于数字签名方案的口令加密等。经过上述方法加密的口令，即使是系统管理员也难以破解。此外，用户还可采用一次性用户口令，也可用便携式验证器（如智能卡）来验证自己的身份。

网络管理员应该可以控制和限制普通用户的账号使用、访问网络的时间、方式。用户名或用户账号是所有计算机系统中最基本的安全形式。用户账号应只有系统管理员才能建立。用户口令应是每个用户访问网络所必须提交的"证件"。用户可以修改自己的口令，但系统管理员应该可以控制口令的以下几个方面的限制：最小口令长度、强制修改口令的时间间隔、口令的唯一性、口令过期失效后允许入网的宽限次数。

用户名和口令验证有效之后，再进一步进行用户账号的缺省限制检查。网络应能控制用户登录入网的站点，限制用户入网的时间，限制用户入网的工作站数量。当用户对交费网络的访问"资费"用尽时，网络还应能对用户的账号加以限制，用户此时应无法进入网络访问网络资源。网络应对所有用户的访问进行审计。如果多次输入口令不正确，则认为是非法用户的入侵，应给出报警信息。

### 2.网络的权限控制

网络的权限控制是针对网络非法操作所提出的一种安全保护措施。用户和用户组被赋予一定的权限。档案信息网络控制用户和用户组可以访问哪些目录、子目录、文件和其他资源；也可以指定用户对这些文件、目录、设备能够执行哪些操作。受托者指派和继承权限屏蔽可作为其两种实现方式。受托者指派控制用户和用户组如何使用网络服务器的目录、文件和设备。继承权限屏蔽相当于一个过滤器，可以限制子目录从父目录那里继承哪些权限。我们可以根据访问权限将用户分为特殊用户（即系统管理员）、一般用户（系统管理员根据他们的实际需要为他们分配操作权限）、审计用户（负责网络的安全控制与资源使用情况的审计）。用户对档案信息网络资源的访问权限可以用一个访问控制表来描述。

### 3.目录级安全控制

网络应允许控制用户对目录、文件、设备的访问。用户在目录一级指定的权限对所有文件和子目录有效，用户还可进一步指定对目录下的子目录和文件的权限。对目录和文件的访问权限一般有 7 种：系统管理员权限、读权限、创建权限、删除权限、修改权限、文件查找权限、存取控制权限。用户对文件或目标的有效权限取决于以下几个因素：用户的受托者指派、用户所在组的受托者指派、继承权限屏蔽取消的用户权限。一个网络系统管理员应当为用户指定适当的访问权限，这些访问权限控制着用户对服务器的访问。7 种访问权限的有效组合可以让用户有效完成工作，同时又能有效地控制用户对服务器资源的访问，从而提高网络和服务器的安全性。

### 4.属性安全控制

当用文件、目录和网络设备时，网络系统管理员应给文件、目录等指定访问属性。属性安全控制可以将给定的属性与网络服务器的文件、目录和网络设备联系起来。属性安全在权限安全的基础上提供更进一步的安全性。网络上的资源都应预先标出一组安全属性。用户对网络资源的访问权限对应一张访问控制表，用以表明用户对网络资源的访问能力。属性设置可以覆盖已经指定的任何受托者指派和有效权限。属性往往能控制以下几方面的权限：向某个文件写数据、拷贝一个文件、删除目录或文件、查看目录和文件、执行文件、共享等。明确网络的属性，有助于保护重要的目录和文件，防止用户对目录和文件进行误删除、修改等。

5.网络服务器安全控制

网络允许在服务器控制台上执行一系列操作。用户使用控制台可以装载和卸载模块，可以安装和删除软件等。网络服务器的安全控制包括可以设置口令锁定服务器控制台，防止非法用户修改、删除重要信息或破坏数据；可以设定服务器登录时间限制、非法访问者检测和关闭的时间间隔；等等。

6.网络监测和锁定控制

网络管理员应对网络实施监控，服务器应记录用户对网络资源的访问。对非法的网络访问，服务器应以图形或文字或声音等形式报警，以引起网络管理员的注意。如果不法之徒试图进入网络，那么网络服务器会自动记录企图尝试进入网络的次数，如果非法访问的次数达到设定数值，那么该账户将被自动锁定。

7.网络端口和节点的安全控制

网络中服务器的端口往往使用自动回呼设备、静默调制解调器加以保护，并以加密的形式来识别节点的身份。自动回呼设备用于防止假冒合法用户，静默调制解调器用以防范黑客的自动拨号程序对计算机进行攻击。网络通常对服务器端和用户端采取控制，用户必须携带证实身份的验证器（如智能卡、磁卡、安全密码发生器等）。在对用户的身份进行验证之后，才允许用户进入用户端。然后，用户端和服务器端再进行相互验证。

### （二）识别和鉴别

档案网络安全系统要具备识别和鉴别机制以防范网络上的各种攻击。识别就是分配给每个用户一个 ID（Identity Document，身份标识号）来代表用户和进程。鉴别是根据用户的个人信息来确定用户的真实性，防止欺骗。口令机制是最常用的鉴别方法。随着生物技术的发展，利用指纹等可提高鉴别的强度。经常使用的方法还有数字签名等。

#### 1.口令机制

口令是相互约定的代码，假定只有用户和系统知道。口令有时由用户选择，有时由系统分配。在通常情况下，用户先输入某种标识信息，比如用户名或 ID 号，然后系统询问用户口令，若口令与用户文件约定相匹配，则用户可进入访问。

作为安全防护措施，口令也有可能被攻破。攻击口令的方法主要有：强力攻击，猜测一切可能的口令代码；猜测可能性较大的口令；窃取、分析系统通行字表；等等。

对抗口令攻击通常采用加密、签名和令牌等办法。但最重要的是进行口令管理，包括选择、分发和更改等。

#### 2.数字签名

在电子政务运行过程中，一个重要内容就是辨认发送者和接收者的身份并进行记录，以保证信息的真实性和不可抵赖性。

数字签名机制提供了一种鉴别方法，以解决伪造、抵赖、冒充和篡改等问题。数字签名采用一定的数据交换形式，使得双方能够满足两个条件：一是接受方能够鉴别发送方所宣称的身份；二是发送方发送数据后不能否认它发送过数据这一事实。

在书面文件上签名是确认文件的一种手段，其作用包括两个方面：一是自己的签名难以否认，能够确认文件已签署的事实；二是签名不易仿冒，能够确认文件为真的事实。数字签名与书面文件签名有相同之处，采用数字签名，也能确认信息由签名者发送、信息自签发后到收到为止未被做过修改。

这样，数字签名就可以用来防止电子信息因易被修改而有人作伪，或假冒他人名义发送信息，或发出（收到）信件后又加以否认等情况发生。数字签名采用双重加密的方法来实现防伪、防抵赖。

### 3.生物识别技术

生物识别技术是依靠人体的身体特征来进行身份验证的一种解决方案，由于人体特征具有不可复制的特性，这一技术的安全系统较传统意义上的身份验证机制有一定提高。人体的生物特征包括指纹、声音、面孔、视网膜、掌纹、骨架等，而其中指纹凭借其无可比拟的唯一性、稳定性、再生性备受关注。

## （三）加密技术

信息加密的目的是保护网内的数据、文件、口令和控制信息，保护网上传输的数据。网络加密常用的方法有链路加密、端点加密和节点加密三种。

链路加密的目的是保护网络节点之间的链路信息安全；端点加密的目的是对源端用户到目的端用户的数据提供保护；节点加密的目的是对源节点到目的节点之间的传输链路提供保护。用户可根据网络情况酌情选择上述加密方式。

信息加密过程是由形形色色的加密算法来具体实施的，它以很小的代价提供很大的安全保护。在多数情况下，信息加密是保证信息机密性的重要方法。据不完全统计，到目前为止，已经公开发表的各种加密算法多达数百种。如果按照收发双方密钥是否相同来分类，则可以将这些加密算法分为常规密码算法和公钥密码算法。

在常规密码中，收信方和发信方使用相同的密钥，即加密密钥和解密密钥是相同或等价的。常规密码的优点是有很强的保密强度，且经受住时间的检验和攻击，但其密钥必须通过安全的途径传送。因此，常规密码的密钥管理是系统安全的重要因素。[①]

---

① 王辉，关曼苓，杨哲：《大数据环境下档案信息化管理》，延边大学出版社，2018。

# 二、操作系统安全

操作系统负责对计算机系统各种资源、操作、运算和计算机用户等进行管理与控制，它是计算机系统安全功能的执行者和管理者。操作系统是应用软件同系统硬件的接口，其目标是高效地、最大限度地、合理地使用计算机资源。若没有安全操作系统的支持，就不用谈论数据库存取控制的安全可信性，更不要说档案信息网络系统的安全性和应用软件信息处理的安全性。因此，操作系统安全是整个档案信息系统安全的基础。

要建立一个安全的档案信息系统，不仅要考虑具体的安全产品，包括防火墙、安全路由器、安全网关、IP（Internet Protocol，互联网协议）隧道、虚拟网、入侵检测、漏洞扫描、安全测试和监控产品等，还要特别注意操作系统平台的安全问题。

## （一）操作系统的不安全因素

计算机网络的宗旨本来是：系统开放、资源共享、降低成本、提高效率。这恰恰是造成计算机网络安全的致命问题和主要安全漏洞。在开放共享的环境中，"安全"与"开放共享"总是相互制约的。计算机网络遭到的危害，绝不是计算机系统危害和通信系统危害的简单叠加。计算机网络分布的广域性、信息资源的共享性、通信信道的公用性，都给信息窃取，盗用，非法地增、删、改以及各种扰乱破坏以可乘之机。计算机联网的广域性，增加了危害的隐蔽性、广泛性。

无论哪一种操作系统，其体系结构本身就是不安全的因素。由于操作系统的程序是可以动态连接的，包括输入/输出的驱动程序与系统服务都可以用打补丁的方法升级和进行动态连接。该产品的厂商可以使用这种方法，黑客也可以使用这种方法，而这种动态连接也正是计算机病毒产生的温床。因此，这种使用打补丁与渗透开发的操作系统是不可能从根本上解决安全问题的。但是，操作系统支持的程序动态连接与数据动态交换是现代系统集成和系统扩展的必备功能，因此这是相互矛盾的两个方面。

操作系统不安全的另一个原因在于它可以创建进程，即使在网络的节点上同样也可以进行远程进程的创建与激活，更令人不安的是被创建的进程还可以继续创建进程。这一点加上操作系统支持在网络上传输文件，在网络上能加载程序，二者结合起来就构成可以在远端服务器上安装"间谍"软件的条件。如果把这种"间谍"软件以打补丁的方式"打"入合法用户上，尤其是"打"在特权用户上，那么，系统进程与作业监视程序根本监测不到"间谍"的存在。

操作系统的安全漏洞主要有：输入/输出非法访问、访问控制的混乱、不完全中介、操作系统陷门等。这些不安全因素充分暴露了操作系统在安全性方面的脆弱性，对网络安全构成了威胁。

## （二）操作系统的安全等级

计算机系统的脆弱性主要来自操作系统的不安全性，在网络环境下，还来源于通信协议的不安全性。美国根据安全性的程度，将计算机系统的安全等级按由低到高的顺序分为 D 级、C 级、B 级、A 级。有的操作系统属于 D 级，这一级别的操作系统根本就没有安全防护措施，它就像一个门窗大开的屋子，只能用于一般的桌面计算机，而不能用于安全性要求高的服务器。一些系统达到了 C 级，安全性远远强于 D 级操作系统，而且主要用于服务器上。但这种系统仍然存在安全漏洞，因为这两种系统中都存在超级用户，如果入侵者得到了超级用户口令，那么整个系统将完全受控于入侵者。现在，人们正在研究一种新型的操作系统，在这种操作系统中没有超级用户，也就不会有超级用户带来的问题。现在很多系统都使用静态口令来保护系统，但口令还是有很大的破解可能性，而且不好的口令维护制度会导致口令被人偷去。口令丢失也就意味着安全系统的全面崩溃。

在档案信息网络环境中，网络系统的安全性依赖于网络中各主机系统的安全性，而主机系统的安全性正是由其操作系统的安全性所决定的，没有操作系统的支持，档案信息网络安全也毫无根基可言。

## 三、档案数据库安全

形象地说，数据库相当于图书馆中的书库，数据库管理系统相当于图书的书卡，用户相当于读者。数据库系统的优点主要有：共享访问；多个用户可以共享公用的集中数据集；最小冗余；单个用户不必组织并维护自己的数据集，从而避免了公用数据重复所产生的冗余；数据一致性；集中管理和维护数据，易于达到数据的一致性。

从操作系统的角度看，数据库管理系统只是一个大型的应用程序。数据库系统的安全策略，部分由操作系统来完成，部分由强化数据库管理系统的自身安全措施完成。数据库管理系统自身的安全措施在许多方面类似于操作系统的安全措施。但是，由于数据库系统本身的特点，其中，信息的完整性和保密性的实现方法有所不同，其安全措施与操作系统的安全措施也有本质区别。

笔者认为，档案数据库的安全和档案数据库系统的安全是绝对应该被重视的。

### （一）档案数据库系统安全的特点

在系统安全方面，档案数据库具有以下特点：数据独立性、数据安全性、数据的完整性、并发控制和故障恢复等。具体表现在以下几方面：

第一，在数据库中要保护的客体比较多。

第二，数据库中数据的生存期限较长，对保护的精度要求更高。

第三，数据库的安全涉及信息在不同程度上的安全。

第四，数据库系统中受保护的客体可能是复杂的逻辑结构，若干复杂的逻辑结构可能映射到同一物理数据客体上。

第五，数据库的安全与数据的语法有关。

数据库的安全还应当考虑到对推理攻击的防范。推理攻击是指从非敏感的数据推理得出敏感数据的攻击方式。由于对数据库构成的威胁主要有篡改、损坏和窃取三种情况，所以加强对数据库的数据保护尤为重要。

在数据库的安全性方面要采取用户标识和鉴定、存取控制、数据分级以及数据加密等手段。数据库中的所有数据都必须满足自己的完整性约束条件，这些约束包括数据类型与值域的约束、关键字约束、数据联系的约束。

根据使用要求和安全要求，不同的数据库有不同的控制策略。数据库的控制方式可分为集中化控制和分散性控制两类。集中化控制指系统只有一个授权者，他控制着整个数据库系统的安全。分散性控制是指数据库应该用许多数据库安全员，每人控制着不同的数据库安全策略。

## （二）数据库的备份与恢复

数据库的备份与恢复是数据库管理员维护数据库安全性和完整性的重要操作。备份是恢复数据库最容易和最能防止意外的保证方法。没有备份，数据有可能会丢失。备份可以防止表和数据库遭受破坏、介质失效或用户错误而造成数据灾难。恢复是在意外后，利用备份来恢复数据库的操作。

数据库的失效往往导致一个机构的瘫痪。然而，任何一个数据库系统总会有发生故障的时候。数据库系统对付故障有两种办法：一种办法是尽可能提高系统的可靠性；另一种办法是在系统发生故障后，把数据库恢复至原来的状态。

数据库系统如果发生故障，则可能导致数据的丢失。要想恢复丢失的数据，提前对数据库系统做备份不失为一个好办法。在制定数据库备份方案之前，必须对下列问题进行分析，在分析的基础上做评估：对数据库保护的内容；对数据被丢失的可能性分析；如数据丢失必须做关于其损失的评估；备份所需费用的评估。

常用的数据库备份的方法有冷备份、热备份和逻辑备份三种。提高数据库备份性能的办法有升级数据库管理系统、使用更快的备份设备、备份到磁盘上、使用本地备份设备以及使用原始磁盘分区备份等。

数据库的恢复也称为重载或重入，是指当磁盘损坏或数据库崩溃时，通过转储或卸载的备份重新安装数据库的过程。恢复技术大致可以分为纯以备份为基础的恢复技术、以备份和运行日志为基础的恢复技术以及基于多备份的恢复技术三种。

数据库恢复技术是一种可采取的补救措施。例如：利用操作系统提供的功能，将被错误删除或修改的数据恢复，或将送到回收站的数据恢复；定期地将整个数据库复制到软盘上保存起来，或刻录到光盘上保存起来，当数据库遭到破坏后，就可以利用备份将数据恢复；利用各数据库之间的关系，用未遭到破坏的数据库恢复已遭破坏的数据库。良好的备份与恢复策略是保证数据库安全运行的保证。

## （三）档案数据库系统的安全措施

档案数据库作为一种特殊的信息系统，它的安全保密措施与普通的网络信息系统的安全措施有许多共同之处，当然也有自身的一些特点。

档案数据库的安全措施的主要目的在于：

第一，保证档案数据库的完整性。

档案数据库的完整性包括物理上的完整性（数据不受物理故障的影响，并有可能在灾难性毁坏后重组数据库）、逻辑上的完整性（保护档案数据库的逻辑结构）、档案数据库中元素的完整性（保证每个元素所含的数据准确无误）。

第二，保证档案数据库的保密性。

档案数据库的保密性包括用户身份鉴别（保证每个用户是绝对可识别的，从而可对它进行审计跟踪，并可以保证对特定数据的访问保护）、访问控制（保证用户仅能访问授权数据，并保证同一组数据的不同用户可以被赋予不同的访问权限）、可审计性（有能力跟踪谁访问了数据库中的哪些元素）。

第三，保证档案数据库的可用性。

档案数据库系统应有简洁明了的界面，使用户可用简单方法访问档案数据库中所有授权访问数据。

为达到上述安全目的，档案数据库系统需要采取一系列的安全策略：

第一，为了防止档案数据库中的数据受到物理破坏，应当对档案数据库系统采取定期备份系统中所有文件的方法来保护系统的完整性。

第二，为了在系统出错时可以重组数据库，档案数据库管理系统应当维护数据库系统的事务日志，以便用这种日志恢复系统故障时丢失的数据。

第三，如果在数据修改期间系统发生故障，那么档案数据库管理系统将会面临严重的问题。此时，一个记录甚至一个字段中，有的部分得到修改而其余部分维持原样。为了避免这种错误，大多数档案数据库管理系统都采用两阶段修改技术来保护数据的完整性。两阶段修改技术中的第一阶段叫准备阶段。这时，档案数据库管理系统完成修改所需的信息，进行修改前的准备工作。在此阶段，档案数据库管理系统收集数据，建立记录，打开文件并且封锁其他用户，然后计算最后结果。简言之，档案数据库管理系统完成修改所需的一切准备工作，但未对数据库作任何修改。第一阶段的最后一步叫"提交"，它的任务是把"提交"标志写入数据库。提交标志是两阶段修改技术中两阶段的分界点，它意味着一旦数据库管理系统通过这个分界点后就不能再返回，也就是说，一旦进入提交阶段，档案数据库管理系统就开始进行永久性的修改。第二阶段叫永久性修改阶段。在此阶段中，凡是属于提交前的任何动作都是不可重复的，但本阶段的修改活动本身则可重复多次。因此，若在第二阶段系统发生故障，则数据库中可能包含非完整的数据，但可以重复所有第二阶段的活动，使数据恢复完成。第二阶段完成以后，档案数据库管理系统将把"事务完成"标志写入系统日志，并清除数据库中的"提交"标志。

第四，为了保证数据库元素的完整性，档案数据库管理系统应当在数据输入时帮助用户发现错误和修改错误。常用的方法有三种：首先，档案数据库管理系统利用字段检查，测试某一位置的值是否正确；其次，档案数据库管理系统利用访问控制的机制来维护数据的完整性，以防止非授权用户对主体数据的访问；最后是档案数据库管理系统维持一个数据库的修改日志。修改日志记录数据库的每次修改，既有修改前的值也有修改后的值。借助于修改日志，数据库管理员可以在出错时"废除"任何修改而恢复数据的原值。

第五，档案数据库管理系统要求严格的用户身份鉴别。为了进一步加强数据库系统的安全性和保密性，必须对使用数据库的时间甚至地点加以限制。有的档案数据库管理系统要求用户只能在指定时间、指定的终端上对数据库系统进行指定的操作。因此，在指定时间、指定终端上登录上机的用户进行身份标识和口令的鉴别。

第六，档案数据库管理系统应采取适当的访问控制机制。访问既可以是任意访问控制，又可以是强制访问控制。任意访问控制可以通过控制矩阵进行。强制访问控制通过与军事安全策略类似的方法来实现。具体地讲，在档案数据库管理系统的安全控制上引入级和范围的概念，每个主体制订一个范围许可级别，每个客体有相应的保密级别。范围许可级别和保密级别一般有四类：公开、秘密、机密和绝密。在服从强制控制的前提下，还可以结合任意控制访问机制，形成一种比较安全又比较灵活的多级安全模型。

第七，采用多层档案数据库系统，即把操作系统的多级安全模型引入安全数据库系统设计之中。多层数据库对访问进行控制的一种简单方法是"分区"。数据库被划分为不同的子库，每个子库都拥有各自的安全层次。这种方法破坏了数据库的基本优点，增加了设计的冗余，而且在对某个字段进行修改时，可能要同时查询并修改其他分区中的相同字段，以维持设计的一致性。

影响档案信息安全的因素很多，保证档案信息安全的策略也不是单一的，而是需要多种策略的综合作用，需要多项对策和措施的协调、合作，从而构成一个有机的档案信息安全防护体系。所以，维护档案信息安全，确保档案信息的安全运行至关重要。档案信息安全策略具有较强的生命周期性。因此，要注意定期根据相关因素变化，进行安全策略的修改，保证安全策略的可用性。

各级档案部门必须加大档案信息安全技术的投入，采用适合我国国情的安全产品，为国家档案信息化进程提供强有力的安全保障。

# 第二节 信息化时代下
# 档案管理的创新研究

## 一、积极开展多元化创新发展模式

我国档案管理服务的归宿与最终发展目标便是针对档案信息资源进行合理利用，从而提高档案管理服务的整体质量与应用水平。

因此，在日常档案管理服务创新发展过程中，可以全面借助多元化服务创新模式，来针对以往传统的服务体系内容进行必要革新与完善。同时，为了能够更好地满足档案信息管理人员的多样化信息管理需求，有效实现档案管理服务的现代化发展。相关单位可以在积极采用多元化服务模式的基础上，实现档案信息资源的服务模式变革与突破，确保能够将可持续性发展理念有效融入其中，实现档案管理服务模式进行新一轮突破与转变。

首先，需要做的便是针对以往传统的档案服务模式进行优化处理。很多单位以往的档案信息服务，提供的大多是档案信息的原件或是专题汇报，很少会对档案文件的内容进行深入加工与处理。而在信息化发展时代下所诞生的全新档案管理服务模式，不仅可以对以往的档案信息资源进行深入加工与处理，同时也能提供给信息阅读者更多的便捷服务，使其更加容易找到自己想要的资料。

其次，充分利用现代信息技术，针对档案管理服务方式进行科学创新，并积极推进档案管理服务工作现代化发展。服务手段的高低与好坏，同样与档案管理模式的创新载体与创新趋势息息相关。在信息化时代发展背景下，不断融入计算机网络、多媒体技术等，可以有效推动档案管理服务建设的数字化转变。因此，在正式进行档案管理服务模式创新发展过程中，需要基于传统管理模式进行转变，并同时针对现代多种科学技术进行合理利用，以此来对以往的档案资源管理与存储形式进行全面优化，从而确保能以更丰富的档案管理编码形式呈现给图书阅览者，满足其阅读与学习的根本需求。

最后，相关人员还需要在整个档案管理服务创新发展过程中，不断加强档案信息网络的建设与拓展。科学构建出覆盖面更广的档案信息网络，进行信息的传递与发布，如此才能在真正意义上让"死档案"在短时间内变为"活资源"，从而为档案管理相关工作者提供更为丰富、全面的档案信息。

## 二、做好相应档案管理信息资源的开发与利用工作

首先，需要全面加强相关单位内部的源头管理。例如，在进行内部档案信息资料开发与应用过程中，相关管理工作者还需要加强对档案信息自检建设与拓展活动的重视程度。此外，不仅需要抓好相应的档案信息资源储备工作，还要从档案的信息源头来进行档案管理服务质量监测与控制，如此才能最大程度发挥档案信息资源的开发价值。

其次，要抓住重点，进行针对性突破。信息化时代的到来，给多元化档案管理服务活动的创新性发展提供了新的可能。因此，在进行创新期间，自然不能再模仿传统的服务方式，而是应抓住档案管理单位的档案管理服务核心要素，并充分结合实际应用需求，来对档案管理服务体系内容进行突破。

# 三、实现专业化人才队伍建设

人才资源，无论是对于哪个时代而言都是宝贵的财富。尤其是在信息化发展的今天，在电子档案管理服务升级与拓展方面，更是缺乏具有专业素养的综合型人才。

因此，为了实现专业化人才队伍的培养，首先也是最为重要的便是尊重与理解人才。笔者认为，不仅要尊重其日常工作的劳动成果，同时也要给予其相应的评价与肯定，对具体的工作表现进行嘉奖，从而激励他们继续进行探索与发展，为档案管理服务创新活动的进一步发展与突破做出必要贡献。

其次，要充分调动档案管理工作者的劳动积极性。日常档案管理与服务工作中，由于管理工作细节的烦琐与枯燥，在长时间工作中很容易让工作者失去兴趣，从而大幅度降低档案管理效果。因此，需要依照实际管理服务发展需求，科学建立完整的奖惩机制，不断调动并激发员工的工作积极性，为员工创造更为优异的管理与服务工作环境，进而使员工在更好的环境中完成相应的档案管理工作。

最后，可以通过机构整合发展的方式，来进一步健全并完善相应的档案管理服务体系制度，并为工作者配备充足的管理硬件设备，以"高品质待遇"吸引更多的专业技术人才，推动人才资源的合理发展，从而为档案管理服务工作的现代化发展打好基础。①

①张鹏，宁柠，姜淑霞：《图书馆信息化建设理论与档案管理实践》，吉林人民出版社，2020。

## 四、提升信息化档案管理的安全性

现阶段，大部分档案管理部门都已经采用现代化的方式对档案进行管理，积极建立电子档案数据库，并对相关数据信息进行云存储。

在实际管理工作中，电子档案具有很大优势，对促进档案管理工作效率和质量的提升具有积极作用。但是计算机网络具有较强的开放性，这导致其面临着被黑客和病毒入侵的风险，非常容易造成数据信息的泄漏和丢失，严重威胁着档案管理工作的安全。档案管理工作是很多工作顺利开展的基础，所以，在进行档案管理信息化建设时，必须将档案的安全性放在首位。在具体实践中，相关部门要对档案管理系统进行优化，并利用先进的科学技术加强对档案的监控和管理，提高信息化档案管理的安全性。

在档案管理信息化建设的过程中，档案管理部门要构建一个综合性强、安全性高的信息化档案管理系统，推动档案管理工作稳步发展。有关技术人员要对信息化档案管理系统的软件和硬件进行科学测试，明确其使用范围，确保档案管理系统的正常运行。此外，相关技术人员还要对数字化档案资源进行安全处理和保密处理，建立优质的防护系统，确保其可以随时应对各种恶意攻击，并建立有效的监控和报警机制，实现对档案信息的全面保护。技术人员还要对相关数据信息进行备份，提升档案管理工作的安全性。

## 五、完善档案数据资料采集标准化流程

在信息化档案管理工作中，档案的信息采集工作十分重要，许多档案管理部门都会利用互联网技术进行信息采集，这给采集人员带来了极大便利。为了提高社会的信息化水平，我们要及时了解相关法律法规和政策的变化，定期对技术人员进行培训，确保数据资料的采集具有合法性，同时还要积极与其他档

案管理部门进行沟通，学习其他先进的档案管理经验，不断完善自身的档案管理工作。相关单位要逐渐建立起科学的运转模式，重视档案管理信息化发展，严格按照有关规定和工作流程进行数据信息的采集工作。

　　总之，信息化时代，相关单位必须提高对档案管理工作的关注与重视程度，并将对档案管理工作进行创新放在首要位置，要将档案管理工作与信息化技术充分结合，在档案管理实践中创新管理模式，推动档案管理工作向着高效、高质和高共享度的方向发展。这样不仅可以大幅提升档案管理工作的整体质量和水平，还能帮助各部门之间及时进行信息共享与合作。档案管理工作的信息化建设是时代发展的必然要求，因此档案管理工作人员必须拥有较强的专业技能和较高的综合素养，不仅要熟练使用现代化的管理软件，能够积极根据档案管理工作的要求进行后期的维护工作，还要积极创新，不断完善档案管理工作。

# 参 考 文 献

[1] 黄亚军，韩国峰，韩玉红.现代档案信息化管理与建设研究[M].长春：吉林人民出版社，2022.

[2] 李东红.新时代背景下的档案管理与创新[M].北京：经济日报出版社，2017.

[3] 李雪婷.人事档案信息化建设与创新管理研究[M].长春：吉林文史出版社，2020.

[4] 刘亚静.档案管理信息化与自动化探索[M].天津：天津科学技术出版社，2018.

[5] 卢爽，时文清，王军朋，等.文书与档案管理[M].北京：北京理工大学出版社，2015.

[6] 马仁杰，张浩，马伏秋.社会转型期档案信息化与档案信息伦理建设研究[M].上海：世界图书上海出版公司，2014.

[7] 彭德婧，王艾，阴志芳.信息化背景下图书和档案管理创新研究[M].吉林：吉林出版集团股份有限公司，2022.

[8] 王辉，关曼苓，杨哲.大数据环境下档案信息化管理[M].延吉：延边大学出版社，2018.

[9] 吴良勤，付琼芝.信息工作与档案管理[M].2版.武汉：华中科技大学出版社，2017.

[10] 吴良勤，雷鸣.信息工作与档案管理[M].武汉：华中科技大学出版社，2011.

[11] 肖兴辉，刘新萍.文书与档案管理[M].北京：对外经济贸易大学出版社，2014.

[12] 许秀.高校档案管理与信息化建设研究[M].哈尔滨：哈尔滨工业大学出版社，2019.

[13] 杨红本.档案管理理论与实务[M].上海：上海教育出版社，2016.

[14] 杨学锋.现代化档案管理与服务研究[M].北京：中国商务出版社，2018.

[15] 张端，刘璐璐，杨阳.新编档案管理实务[M].成都：电子科技大学出版社，2017.

[16] 张鹏，宁柠，姜淑霞.图书馆信息化建设理论与档案管理实践[M].长春：吉林人民出版社，2020.

[17] 赵娜，韩建春，宗黎黎，等.信息化时代的档案管理精要[M].天津：天津科学技术出版社，2018.